RUDOLF BRAUNBURG

Wolken sind Gedanken, die am Himmel stehn

Rudolf Braunburg

Wolken sind Gedanken, die am Himmel stehn

verlegt bei Kindler

Redaktion: Ulrike Riemer
Korrekturen: Ursula Oswald
Umschlaggestaltung: Hans Numberger
Satzherstellung: VerlagsSatz Kort GmbH, München
Druck- und Bindearbeiten: Welsermühl, Wels
Printed in Austria
ISBN 3-463-00753-3

Inhalt

Meinen Bogen habe ich gesetzt in die Wolken;
der soll das Zeichen sein des Bundes
zwischen mir und der Erde.
Und wenn es kommt, daß ich Wolken
über die Erde führe, so soll man
meinen Bogen sehen in den Wolken.

1. Mose 9, Vers 13/14

Das Land, in das unsere Reise führt, ist in keinem Atlas der Welt verzeichnet. Kein Baedecker erwähnt seine Sehenswürdigkeiten; kein Cook oder Marco Polo hat es je zu Gesicht bekommen. Es ist so alt wie die Welt; es ist existent vom Tage an, da Gott eine Trennung schuf zwischen Himmel und Erde. Der Unternehmungsgeist eines Columbus, eines Abel Tasman vermochte nicht, es zu erforschen. Obwohl es so alt ist wie die Erde und nur wenige Kilometer von uns entfernt, gelang erst mit dem Ballon der Aufstieg in jenes Reich, das faszinierender ist als die Labyrinthe der Dschungel, die Einsamkeiten der Wüsten, die Felskatarakte der Gebirge, die Weiten der Ozeane. Dort wird alles, entschlackt von Stofflichkeit, noch einmal geschaffen: Dschungel, Wüste, Ozean und Berg. Niemandem gelingt es, Fuß zu fassen – raumlos sind seine Farbsteppen, körperlos seine Pfade aus Licht, ohne Halt seine Schründe aus Finsternis. An den Scheiben der Boeings, Coronados, Tristars gleitet es vorbei wie hinter Prismengläsern, Tele- oder Mikroskopen, unberührbar, unbetretbar, unvermeßbar ... das Land über den Wolken.

Vielfalt der Wolken

Es war der englische Meteorologe Luke Howard, der 1803 das erste brauchbare Wolken-Vokabularium herausgab. Er unterschied die Wolken nach Form und Höhe und kam auf drei Grundtypen:
Cirrus (Haarlocke). *Cumulus* (Haufen, Auftürmung). *Stratus* (weit ausgedehnt).

Und es war Goethe, der, durch den Großherzog von Sachsen-Weimar-Eisenach darauf aufmerksam gemacht, die Howardsche Terminologie mit Freuden aufgriff, »weil sie mir einen Faden darreichte, den ich bisher vermißt hatte«. Und: »Wenn man die Lehre Howards beim Beobachten wohl nutzen will, so muß man die von ihm bezeichneten Unterschiede fest im Auge behalten und sich nicht irre machen lassen, wenn gewisse schwankende Erscheinungen vorkommen.«
Freilich, Goethe wäre Goethe nicht, hätte er nicht bei der Wiedergabe der Howardschen Terminologie *(Wolkengestalt nach Howard,* Jena 1817) sofort seine eigenen Beobachtungen aus den Tagebüchern wiedergegeben. Nicht nur findet sich, im Gegensatz zur heutigen Meinung über die Howardsche Einteilung, eine vierte Wolkenart bei der Goetheschen Rekapitulation, nämlich *Nimbus,* sondern er fügte sogar noch eine fünfte hinzu: *Paries* (Wand).
»Wenn nämlich ganz am Ende des Horizontes Schichtstreifen so gedrängt übereinander liegen, daß kein Zwischenraum sich bemerken läßt, so schließen sie den ganzen Horizont in einer gewissen Höhe und lassen den oberen Himmel frei. Bald ist ihr Umriß bergrückenartig, so daß man eine entfernte Gebirgsreihe zu sehen glaubt, bald bewegt sich die Kontur als Wolke, da denn eine Art Cumulo-Stratus daraus entsteht.«
Es ist bei vier Hauptwolkenarten geblieben: *Cirrus, Cumulus, Stratus, Nimbus.*

★

Obwohl ich seit fast fünfundzwanzig Jahren im modernen Flugbetrieb mit Meteorologen und ihren Forschungsergebnissen zu tun habe, ist mir niemals eine Erkenntnis über die Wolken zu Ohren gekommen, die es mit der Goetheschen Wolkenlehre hätte aufnehmen können. Dutzende von Wettersatelliten vermochten nicht annähernd so wesentliche Erkenntnisse zu vermitteln wie Goethes *Versuch einer Witterungslehre:*

»Das Wahre, mit dem Göttlichen identisch, läßt sich niemals von uns direkt erkennen, wir schauen es nur im Abglanz, im Beispiel, Symbol, in einzelnen und verwandten Erscheinungen; wir werden es gewahr als unbegreifliches Leben und können dem Wunsch nicht entsagen, es dennoch zu begreifen.«

Was sich uns in den Wetterberichten, Voraussagen, Satellitenbildern und Prognosen manifestierte, waren Zahlen. Zahlen, die zu einer bestimmten Zeit gemessen oder für eine bestimmte Zeit vorausgesagt wurden. In der Voraussage stimmten sie fast nie, es sei denn, die Großwetterlage tat den Meteorologen den Gefallen, sich nicht wesentlich zu ändern. In der Feststellung *vergangener* Wetterlagen waren sie korrekt, aber unbrauchbar für uns, die wir mit annähernder Schallgeschwindigkeit der Vergangenheit, der Gegenwart davonflogen.
Zahlenreihen wie: 2 in 60, 6 in 120, 7 in 200 mochten sich zwar leicht vollautomatisch durch die computerisierten Telex-Apparate übermitteln lassen – sie boten weiter nichts als die theoretische Grundlage für theoretische Flugplaner, die täglich vor der Aufgabe stehen, einen Flugplan für den Flug nach New York oder Delhi rechnen zu müssen, mochten sie auch die 2 Achtel in 6000 Fuß oder die 7 Achtel in 20000 Fuß als gegeben akzeptieren. Die Sicherheit einer Airline basiert aber gerade auf der Tatsache, daß ihre Flugkapitäne theoretische Möglichkeiten *nicht* als Realität nehmen, selbst wenn die durch modernste Elektronik gebotenen Möglichkeiten sogar den sogenannten Chefpiloten begeistern. Er, schließlich, kennt von seinem Managerschreibtisch aus die Realität nicht mehr, den Alltag und täglichen Trott; er hat die Aufgabe, technische Geräte, die auf Vorstandsbeschluß angeschafft wurden, publicityträchtig weiter zu empfehlen.

Mehr als diese Soll-Zwangsempfehlung war mir für den harten Routine-Alltag Goethes Witterungslehre eine praktische Hilfe.

Wie sagte doch Goethe 1825?
»Nun hat man manches Instrument ersonnen, um eben jene uns täglich anfechtenden Wirkungen dem Grade nach zu versinnlichen; das Thermometer beschäftigt jedermann, und wenn er schmachtet oder friert, so scheint er in gewissem Sinne beruhigt, wenn er nur seine Leiden nach Réaumur oder Fahrenheit dem Grade nach aussprechen kann.«
Da läßt sich nichts hinzufügen.

★

Man kann die Vielfalt der Wolken nach der Höhe, man kann sie nach ihren Temperaturbereichen einteilen. So tritt zum Beispiel der Cirrus nur zwischen −40 und −10 Grad Celsius auf. Die Höheneinteilung ist jedoch geläufiger, obwohl die einzelnen Meteorologiebücher durchaus unterschiedliche Angaben machen, die bis zu 10000 Fuß differieren.
Die höchste Wolkenart ist auf alle Fälle der *Cirrus*. In Höhen zwischen 7000 und 13000 Metern anzutreffen, besteht er aus feinen Eiskristallen. Diese Wolken sind zwar keine Regenbringer, kündigen jedoch Wettererscheinungen an, die zu Regen führen können.
Cirrocumulus kommt in der gleichen Höhe vor, ist jedoch kompakter. Er bildet eine dünne, gerippte, gleichmäßig angeordnete Schicht, geht einer Warmfront voraus und verdickt sich dann zu Cirrostratus.
Cirrostratus, in der gleichen Höhe, bildet Halos um Sonne oder Mond. Wenn sich der Schleier verdickt, fällt meistens innerhalb von vierundzwanzig Stunden Regen.
Altocumulus in Höhen von 2500 bis 7000 Metern besteht, im Gegensatz zum Cirrocumulus, aus Wassertropfen statt aus Eis. Teils flockig, teils abgerundet, mit

durchsichtigen Rändern, ist er im Zentrum dicker und dunkler als Cirrocumulus und kündigt in fünfundvierzig Prozent aller Beobachtungsfälle Regen an.

Altostratus, in der gleichen Höhe vorkommend, ist jedoch streifenförmig und so dicht, daß die Sonne kaum oder gar nicht zu erkennen ist. Die Unterkante ist unkonturiert. Zu achtundsechzig Prozent ist er der Vorbote von lang andauerndem Niederschlag.

Stratocumulus kommt unterhalb 2500 Metern vor und ist gleichmäßig und sehr lang andauernd angeordnet, mit dunklen Schichten oder Streifen. Meist tritt er während einer Kaltfront auf und bringt nur selten Niederschlag, höchstens leichten Schneefall.

Stratus, in gleicher Höhe, ist eine gleichförmige Wolkenschicht, die kontur- und farblos aussieht. Aus ihr kann Nieselregen erwartet werden.

Nimbostratus, oft nur als *Nimbus* bezeichnet, ist so dick, daß die Sonne unsichtbar wird. Diese Wolken, die sich aus absinkendem Altostratus entwickelt haben, bringen Dauerregen oder lang anhaltenden Schneefall.

Cumulus kann sich von 2500 bis 15 000 Meter erstrecken. Diese Quellwolke wird im Volksmund als Sommerwolke, »Schönwetterwolke«, bezeichnet, aber wie so oft, irrt der Volksmund auch hier. Sobald sich die Wolke aufzutürmen beginnt und zum Cumulonimbus auswuchert, ist mit schweren Gewittern zu rechnen. Cumulus ist scharf konturiert, und aus der »Mutterzelle« entwickeln sich rapide immer neue Wolken, die »gegen den Wind« wachsen.

Cumulonimbus ist die konsequente Fortsetzung der haltlos emporschießenden Cumulus. Sobald die immensen Aufwinde sie in den Bereich der Höhenstürme oder Jetstreams treiben, wird ihr Kopf davon erfaßt und in Sturmrichtung verweht: es kommt zur Amboß-Bildung. In diesem oberen Teil besteht die Wolke nur noch aus Eiskristallen. Sie ist eine typische Gewitterwolke. In den Tropen entspricht die Energie einer einzigen Cumulonimbus der mehrerer Atombomben des »Hiroshima-Typs«.

Sowohl Howard als auch Goethe kannten jedoch eine Wolkenart noch nicht, die heute sehr häufig auftritt: den Kondensstreifen. Der Laie vergegenwärtigt sich selten, wie stark diese künstlichen Wolken die Klarheit des Himmels beeinträchtigen. Der trübende Schleier über Hamburg zum Beispiel wird schon seit Jahrzehnten durch die Düsenjäger erzeugt, die im friesischen Luftraum operieren. Wer, von Holland kommend, mit dem Wagen elbwärts fährt, kann bei Westwind die Wetterveränderung, die sie hervorrufen, auf Schritt und Tritt verfolgen. Die Polemik gegen die wetterverändernden Wirkungen der Concorde bleibt so lange unglaubwürdig, wie negiert wird, daß es den Überschallflug – mit all seinen negativen Wirkungen – bereits seit Jahrzehnten gibt, nämlich in der Militärfliegerei.

Kondensstreifen entstehen, wenn sich die wasserdampfreichen Auspuffgase der Flugzeuge mit Luft mischen, die kälter ist als etwa minus 45 Grad Celsius und deren relative Feuchte mehr als sechzig Prozent beträgt. An den Kondensationskernen der Auspuffgase verwandelt sich der Wasserdampf in Tröpfchen, die am Himmel sichtbar werden. Ist genügend unterkühlte, feuchte Luft vorhanden, so zieht jedes Flugzeug in größeren Höhen eine weiße Schleppe hinter sich her.

Gelegentlich kann der Pilot eine Erscheinung beobachten, die sonst so gut wie unbekannt ist: das Gegenstück zur Kondensstreifenbildung, nämlich in dünne Altocumulusschichten eingefressene Gassen und Hohlräume. Hier sind Flugzeuge hindurchgeflogen, die trockene Luft in die Wolke gewirbelt haben, so daß sie sich an diesen Stellen einfach aufgelöst hat.

Die chemischen Prozesse der Wolkenbildung sind äußerst kompliziert, die Entstehungsarten mannigfaltig. Es gibt Bildungen durch Hebung, durch Mischung zweier verschiedener Luftmassen, durch Kontaktabkühlung, durch Konvektion. Die systematische Klassifizierung wird jedoch gerade ihrem Wesen, der Verwandlung, nicht gerecht. Hieran muß jede angeblich noch so wissenschaftlich-exakte Vorhersage scheitern. Zum Zeitpunkt der Voraussage ist das, was vorausgesagt werden soll, noch gar nicht da. Ob die Wolken, die in einer Monsunnacht über dem Golf von

Bengalen in die feuchtigkeitsgeschwängerte Atmosphäre emporschießen, sich zum küstenüberschwemmenden Zyklon gruppieren oder in läppischen 7000 Metern zu kraftlosen Schichtwolken ausschleiern, vermag kein Meteorologe der Welt vorauszusagen, der sich, um mindestens Hunderte von Kilometern getrennt, über seine Instrumente beugt, die oft genug falsch justiert sind, oder über sechs Stunden alte Satellitenbilder.

Gerade in bezug auf Wolkenbetrachtungen scheint die alte goethische Maxime, nichts wissenschaftlich zu zerpflücken, sondern sich am Phänomen selber zu erfreuen, als zukunftsweisend. Es gehört zu den vielen Absurditäten menschlichen Verhaltens, daß der Anblick einer Gebirgslandschaft weitaus größere Bewunderung auslöst als das Panorama eines wolkigen Himmels. Im Gegensatz zur starren Unabänderlichkeit der Berge ist die Welt der Wolken eine lebendige Welt. Nichts, auch das Meer nicht, ist verwandlungsfähiger. Wolken sind wie Oasen inmitten der gleichförmigen Wüstenei des sonnenreichen Himmels, sie sind wie das Leben selber: voller Überraschung, Zufall, Dramatik, Gegensätzlichkeit, voller Ruhe und Erregung, Helle und Düsternis, maßloser Cholerik und stiller Melancholie.

Deshalb geht meine eigene Unterscheidung der Wolken andere Wege als die Meteorologie.

Vier Temperamente kannten die Griechen; vier Hauptwolkenarten sind zu unterscheiden.

Cirrus. Man muß Howard und Goethe lesen und wird verstehen, weshalb ich diese Wolkenart dem Sanguiniker zuordne: »Dieser erscheint in vierlerlei Gestalten, die der Beobachter wohl kennen muß, um nicht irre zu werden... Manchmal ... scheint der Himmel wie mit Besemen (Besen) gekehrt, und die luftigen Wolkenstreifen haben keine bestimmte Richtung gegeneinander, sondern streichen zufällig und seltsam durch die höhere Atmosphäre.«

»Zum Himmel hoch jauchzend, zu Tode betrübt« – leichtblütig, heiter und temperamentvoll sind die luftigsten Gebilde der Atmosphäre; aber wenn sie sich mit Cumulus oder Stratus verbinden, verkehren sie sich leicht ins Gegenteil.

Stratus. Ihre Gleichförmigkeit, Konturlosigkeit läßt auf phlegmatisches Temperament schließen, dem Trägheit und Gleichgültigkeit anhaftet.

Nimbus, der Melancholiker unter den Wolken. Trist, trübe, regnerisch. Da im Menschen die Temperamente nie allein und in reiner Form auftreten, verbindet sich das Melancholische leicht mit dem Cholerischen. Wo sich Nimbus mit Cumulus verbindet, kommt es zur tobenden Urgewalt der Tropengewitter.

Cumulus, der Choleriker. Gedrungen, ausgeprägt, von geballter Kraft und hemmungslos wütend mit Blitz und Donner. »Und was ihr fürchtet und auch wohl erlebt / Wie's oben drohet, so es unten bebt.«

DIE WOLKE

An der Birke Stamm gelehnt,
Sah ich ihn sich biegen,
Und die Wolke weißgedehnt
Über ihm sich wiegen;
Hin mit ihr zu fliegen
Hab ich mich empor gesehnt.

Lieblich steuerst du dein Boot,
Wolke, Götterbote,
Angehaucht von Morgenrot,
Und vom Abendrote;
Stände zu Gebote
Mir dein Zaubermachtgebot!

Dich verwandelnd wie ein Traum,
Füllest du die Leere
Mit Gestalt, den Himmelsraum
Bald mit Schlacht und Heere,
Bald im blauen Meere
Ragst du Fels, und stirbst du Schaum.

Was die Seele wünschen mag,
Zeigest du im Bilde,
Vor der Sonn am heißen Tag
Dienest du zum Schilde,
Und von deiner Milde
Bettelt Tau der Frühlingshag.

FRIEDRICH RÜCKERT

Erinnerungen an eine wolkenreiche Zeit

Wer sich in das Reich der Wolken begibt, gelangt in eine Welt ewiger Verwandlung. Alles fließt, und auch die eigene Phantasie nimmt teil an dem Wechselspiel von Licht und Schatten, Form und Farbe, Trübung und Durchleuchtung. Bald scheint das Flugzeug durch ein vegetatives Panorama von Tiefseeflora zu gleiten, bald liegen Wolkenfetzen wie Landkarten mythologischer Erdteile ausgebreitet: Orplid taucht auf, Atlantis, und der heilige Fluß Hades schlängelt sich durch das dunkle Relief beschatteter Klüfte. Dann wieder scheint alles der Traumwelt eines Alpdrucks entnommen zu sein: Fratzen von Gnomen, Riesen und Hexen, Schuppenleiber von Nixen, Schleiergespinste von Sylphen gleiten aus einer Dämmerung fort in die andere; und plötzlich wird alles blendend und übersichtlich – Sonne bricht durch, Felsen, Bäume und Tiere säumen wie Statuen den Flugweg.

Es gibt Landschaften, mit denen sich in der Vorstellung gewisse Wetterlagen, bestimmte Wolkenformen fest verbinden. So sind jedem Flieger die obligatorischen Gewitter über dem Schwarzwald, im Rhônetal oder, während der Nacht, vor der brasilianischen Küste bekannt. Die Nebelfelder Süd-Englands oder Neufundlands. Die Intertropische Front zwischen Dakar und dem Äquator, die sich, mit wechselnder Aktivität zwar, aber unausweichlich, jedem, der nach Recife, Rio oder Buenos Aires fliegt, in den Weg stellt. Ich sehe die Besatzungen – die Anstrengungen eines langen Fluges über Paris und Lissabon auf den Gesichtern geschrieben – um Mitternacht in dem schwülen, mosquitodurchschwirrten Büro in Dakar über die Wetterkarte gebeugt stehen: nichts ist zu hören, nur das ferne Rauschen der Brandung, das feine Zirpen der Grillen, das Surren der Bodenbatterien vor den neonlichtüberfluteten Rümpfen. Auf dem nachtfahlen Kubus des N'Gor-Hotels hinter der Startbahn glühen die roten Lichter der Hindernisbefeuerung, Schwaden von Jasmin-, Hibiskus- und Bougainvilleaduft treiben über das öllachenbefleckte Rollfeld, ein aufgestörter Geier schreit, eine Hyäne lacht irgendwo zwischen der Mondlichtküste und den Opuntienfeldern. Einen Atemzug, einen kurzen Blick lang Afrika zwischen Hamburg und Rio – und die Besatzungen neigen sich über

Flugpläne, Rechenschieber und Wetterkarten, reiben sich den Schweiß von der Stirn; der in Dakar zusteigende Navigator stellt sich dem Kapitän vor und beginnt, den Punkt gleicher Zeiten und den letzten Umkehrpunkt zu berechnen, ein Lotse, der sich an Bord begibt, um zum dritten Mal innerhalb einer Woche ein Flugzeug sicher über den Südatlantik zu navigieren. Auf dem Wolkenquerschnitt türmen und ballen sich die Cumulonimbuswolken zu gigantischen und grotesken Formen. Eine von Südamerika zurückkehrende Maschine hat die Gipfel der Front auf 30000 Fuß geschätzt – die Super-Constellation schaffte einst im Idealfall 24000 Fuß, bei der in Dakar obligatorischen Vollbetankung und bei den herrschenden tropischen Temperaturen jedoch zunächst nur 10000. Kapitän und Navigator blättern in Tabellen und Diagrammen, jeder ein moderner Odysseus oder Parzifal, der versucht, mit List und Tücke der vor den erstrebten Zielen wachenden Ungeheuer Herr zu werden. Und wirklich habe ich auf meinen Flügen über vier Kontinente nichts so fürchten gelernt wie die Intertropische Front des Südatlantiks, und wer glaubt, das Wort von dem Flugzeug als Spielball der Elemente sei nur noch eine historische Reminiszenz, der sei vor einem Durchflug der Intertropischen Front des Südatlantiks gewarnt.

Ich erinnere mich jenes Fluges, auf dem wir, von der Kontrollstelle Recife zum strikten Einhalten der Flughöhe 12000 gebeten, inmitten der entfesselten Gewalten nichts anderes zu melden wußten, als: »Wir sind unfähig, Höhe zu halten. Wir befinden uns jetzt in dreizehntausend . . . jetzt in fünfzehn . . . elf jetzt . . . wir versuchen, zwölftausend zu halten.« Aber inmitten der Auf- und Abwinde konzentriertester Cumuluswolken mißlangen unsere besten Absichten. Aus Furcht, durch heftige Ruderausschläge Brüche in den Steuerorganen hervorzurufen, ließen wir uns – gemäß der Devise, daß durch das Schwert umkomme, wer zum Schwert greift – durch mildes Nachgeben empor- und hinabtrudeln, während der Bordingenieur mit vereisten Motoren, der Funker mit vereisten Antennen, die Piloten mit vereisten Tragflächen kämpften, und das alles über den Fluten des Südatlantiks, an dessen Küsten sich Badende träge in der Hitze des Dezembersommers tummelten. Ich sehe die Piloten in jenen zweimotorigen Transportflugzeugen – vor dreißig Jahren als das modernste Fluggerät gepriesen, jetzt im Zeitalter des Mach zwei und drei noch immer, wenn auch nur für Charter und Fracht im Einsatz –, wie sie im Winter mit den Schneestürmen über dem Kanal kämpfen. Und auch jene Fliegerei ist mir nicht fremd: um Mitternacht von Brüssel oder Köln kommend, mit Spielzeug aus Nürnberg oder Mercedes-Ersatzteilen aus Stuttgart, auf dem Wege nach London, und klare Sicht von Antwerpen bis Ostende. Die aufgereihten Lichterketten am Kanal von Terneuzen nach Gent, im dämmerhellen Norden die Konturen der Inseln Zeeuws-Vlaanderen, Vlissingen und Middelburg, Fähre nach Harwich – frühe Kindheitserinnerung. Über der belgischen Küste dann die ersten Schleier der Altocumulus-Bewölkung. Wir bekommen nun jene physikalische Wahrheit zu spüren, die besagt, daß Wasser Wärme weniger rasch verliert als Land, und aufgrund dieser nächtlichen Wasserwärme steigt es auf: nächtliches Gewölk, schwanger von Eis und Schneematsch. Hätten wir unsere Instrumente, Scheinwerfer und Erfahrung nicht, die Gefahr würde uns überfallen wie ein schleichendes Gift, heimtückisch und hinterhältig. Wir schalten die Tragflächenbeleuchtung ein, sehen wie es sich dort aufbaut: grau auf dem grauen Belag des Flügelmetalls, eine Masse, die das Stromlinienprofil bis zur Unkenntlichkeit verändert. Die Scheiben überziehen sich wie mit einer Wachsschicht, während die Nadel des Fahrtmessers niedriger und niedriger sinkt. Wir müssen nachtrimmen, um die Höhe zu halten; der Copilot bittet bei der Kontrollstelle London um eine günstigere Höhe, aber die sind alle von Maschinen besetzt, deren Positionsmeldungen wir über Costa oder Clacton gehört haben. Eine Höhenänderung ist unmöglich, das Zeitalter Saint Exuperys ist vorüber. Das Flugzeug liegt wie ein Brett in der Luft, nichts deutet die nahe Gefahr an. Aber wir wissen, daß wir die Küste, wo immer sie liegen mag, nicht erreichen werden, falls an der schneebelasteten Maschine ein Motor ausfallen würde. Wir fliegen diese Flüge nach London Nacht für Nacht, so, wie unsere Nachbarn des Morgens mit der Vorortbahn an ihre Arbeitsstelle fahren, und unsere Abschiede unterscheiden sich nicht von den ihrigen: ein kurzes Kopfnicken, ein Winken bis zur Straßenecke ... vorbei. Und schon gleiten Startbahnlichter, Autobahnbefeuerung und Leuchtturmkegel unter den Flächen vorüber, ballt sich Schnee auf der Gummipolsterung der Flächenenteisung, schimmert das Perlengehänge der englischen Küste unter den Fetzen der Stratusbewölkung, und der Wetterbericht des Londoner Flughafens läßt keinen Zweifel darüber, daß auch am Boden noch Gefriertemperatur herrscht, so daß die geschwindigkeitshemmende Schneelast auch während des Radaranfluges nicht abtauen wird und die Landung bei schlechter Sicht mit überhöhter Geschwindigkeit ausgeführt werden muß – und dies Nacht für Nacht. Wenn wir am nächsten Nachmittag zurückkehren, kehren auch unsere Nachbarn von ihren Schreibmaschinen, Fließbändern und Arbeitspulten zurück.

Auch der moderne Flieger inmitten seiner Instrumentenwelt steht den Elementen nicht beziehungslos gegenüber. Wie seine Vorgänger in ihren schwankenden Einsitzern meidet er Gewitter, Abwindströmungen und Schlechtwetterfronten. Jede sommerliche Kaltfront-Quellwolke wird mit der gleichen Sorgfalt umkurvt wie zur Zeit der ersten Poststreckenflüge, und das Hochleistungstriebwerk reagiert auf Vereisung nicht weniger empfindlich als die scheppernden, ölsprühenden, wassergekühlten Motoren verflogener Jahrzehnte.

Manche Wolkenbilder haben sich wie Landschaftsformen in mein Gedächtnis geprägt. So gibt es in den Höhen, in denen die Besatzungen der Langstrecken-Kolbenflugzeuge oft mehr als zehn Stunden des Tages oder der Nacht verbrachten, ausgedehnte Quellwolken, deren oberste Rundungen sich zu amboßförmigen Gebilden schichten und zerfasern. In einer bestimmten Höhenlage versagt die Formkraft der Luftmassen; infolge der niedrigen Temperaturen gerinnt alle aufwärtsschießende Feuchtigkeit zu Eispartikelchen und plattet sich, als habe eine gewaltige Hand Einhalt geboten, zu pilzförmigen Schirmen und Dächern ab. Wie aufblühende Gewächse eines tropischen Phantasiedschungels türmen sich diese Gebilde in die dunkelnde Bläue der Polarluft. Im Schimmer des Mondscheins oder des Nordlichtes erinnern sie an die Kalkpilze der schwarzen Termiten, wie man sie südlich der senegalesischen Savanne in Guinea antrifft. So kann es geschehen, daß der Island und Grönland überquerende Atlantikflieger statt über Fjorde, Gletscher und Eisberge durch eine afrikanische Steppenlandschaft aus Traum und Wolken gleitet. Und jene Nebelfelder über Gander sehe ich wieder. Eine durchwachte Nordatlantiknacht liegt hinter uns, mit stündlichen Positionsmeldungen, Kaltfrontdurchquerungen und Kämpfen gegen den Schlaf. Nun endlich, im zögernden Licht des Morgens, hebt sich feste Form aus der nachtlangen Formlosigkeit des Ozeanfluges: die wunderbare Festigkeit einer Küste steigt in den schillernden Scheiben des Cockpits empor. Grün blüht auf inmitten der Endlosigkeit des Meeres- und Wolkengraus, Quadrate zeichnen sich ab, Trapeze, Parallelogramme: Küsten, Inseln, Wälder, Seen, Wellblechdächer, Ortschaften. Aber als habe ein kühner Traum Einblick gewährt in ein unerlaubtes mythisches Reich, verhüllt sich alles wieder hinter grauen Nebelgehängen und die Anflugkontrolle von Gander teilt mit, daß die Wetterbedingungen bis zur Grenze des Minimums herabgesunken seien: Sicht nullkommavier Meilen, Wolkenuntergrenze zweihundert Fuß. So gleiten wir hinunter auf den amerikanischen Kontinent, mit Blindheit geschlagen, inmitten von Wolkengrau, Zeigerzucken und den Anweisungen schlechtgelaunter, unausgeschlafener Radarkontrolleure. Plötzlich bricht die Dämmerung, in deren Zentrum wir regungslos zu hängen scheinen, erneut auf, und der Blick taumelt hinunter auf neugewonnene Landschaften: Buchten, Bauten, Felsen, Flußläufe. Darüber aber erstreckt sich, dickflüssig wie geronnene Milch, ein Archipel aus Nebelinseln, deren Küsten sich dehnen und zerfließen. Das Eintauchen des Flugzeugbugs in den nächsttieferen Dunstschleier offenbart jedoch das Unzutreffende des Vergleiches; wir glauben unter Wasser zu schweben, und was dort auf dem Meeresboden herantreibt, ist ein Schwarm riesiger Quallen, Polypen und Oktopoden, die sich mit zerfledderten Gliedern um jenen Schatz klammern, dessen wir habhaft zu werden versuchen. Dann umschließt uns die Finsternis, wir gleiten, wenige hundert Meter über unsichtbaren Wäldern, Mooren und Türmen, mit dreifacher Autogeschwindigkeit blindlings der Erde entgegen, und unsere Instrumente sagen uns, daß in spätestens zehn Sekunden die Doppelreihe der Landebahnlichter vor uns auftauchen wird. Und dann liegt sie vor uns, wabernd unter den letzten Nebelfetzen, als habe ein Projektor ihr Bild auf das Grau der Leinwand geworfen. Eine geringfügige Kurskorrektur, die Landeklappen fahren in Endstellung, und schon radieren die Räder über den Beton Neufundlands.

Fliegt man in großen Höhen über ein geschlossenes Schichtwolkenfeld hinweg, wie es etwa beim Schlechtwetteraufzug eines Tiefdruckgebietes entsteht, so glaubt das Auge die Kartographie eines Erdteiles zu erblicken. Die Stratusdecke wird von Rillen, Fugen, Schattenflächen durchzogen, die Flußläufe, Gebirgszüge und Seen vortäuschen. Vor dem Auge erstehen sonnenüberflutete Strände, stromdurchäderte Sumpfdeltas, gletscherdurchzogene Bergsattel, die auf keiner Karte der Welt verzeichnet stehen. Felder, wie mit Ruinen übersät: Funkelte so das alte Theben? Umschluchtete Flußwindungen: Krümmte sich so der Styx durch die Unterwelt? Inselflächen, von Nebel überhaucht: Dehnte sich so das homerische Ogygia? Gelegentlich treffen Flug- und Wolkenhöhe so zusammen, daß das Flugzeug wie ein Fahrzeug über eine Decke von Altocumuluswolken gleitet, aus der sich einige Einzelgänger, nicht übermäßig aktiv oder ausgeprägt, höher heben. Mit ihnen treiben die Winde ihr leichtes Spiel: nichts bleibt übrig als ein zerwehtes, zerfranstes Häufchen weißer Kondensmasse. So ähnelt die Szene einer Schlittenfahrt durch aufgewühlte Schneemassen. In rasender Fahrt geht es über verharschte Eisflächen, schmutzig-graue Endmoränen, versprühende Pulverschneehalden; kristallfunkelnd spritzt blendende Helligkeit vor dem pflügenden Bug in die Klarheit des Alls. Die Welt der Wolken ist mannigfaltig wie die Schöpfung selber. Ihre Vielfalt ist unermeßlich, aber auf manchen Steigflügen gelingt es, mehrere Stadien verschiedenartigster Erscheinungsformen zu durchkreuzen. Alle sind sie voneinander abhängig, gehen auseinander hervor, bedingen einander, und trotzdem unterscheiden sie sich wie Fels und Meer, Sandwüste und Regenwald. Es gibt Gebilde, die sich sanft und schmeichelnd öffnen, sich um die Flächen hängen wie Polypenarme; und lautlos verschließt der Flor der Eiskristalle Scheiben und Ansaugluftschächte. Oder andere, die sich mit jäher, kurzatmiger Wut zuckend und hagelspeiend über die stampfende winzige Masse Metall werfen und ebenso jäh wieder verschwinden. Oder lichtlose Schächte, in die man, auf das Ärgste vorbereitet, einfährt wie durch ein Höllentor, und dann gleitet das Flugzeug regungslos und ungestört vorbei an einer Traumwelt, geboren aus den Strahlbrechungen des Lichts.

DER GESANG DES MEERES

Wolken, meine Kinder, wandern gehn
Wollt ihr? Fahret wohl! Auf Wiedersehn!
Eure wandellustigen Gestalten
Kann ich nicht in Mutterbanden halten.

Ihr langweilet euch auf meinen Wogen,
Dort die Erde hat euch angezogen:
Küsten, Klippen und des Leuchtturms Feuer!
Ziehet, Kinder! Geht auf Abenteuer!

Segelt, kühne Schiffer, in den Lüften!
Sucht die Gipfel! Ruhet über Klüften!
Brauet Stürme! Blitzet! Liefert Schlachten!
Traget glühnden Kampfes Purpurtrachten!

Rauscht im Regen! Murmelt in den Quellen!
Füllt die Brunnen! Rieselt in die Wellen!
Braust in Strömen durch die Lande nieder
Kommet, meine Kinder, kommet wieder!

CONRAD FERDINAND MEYER

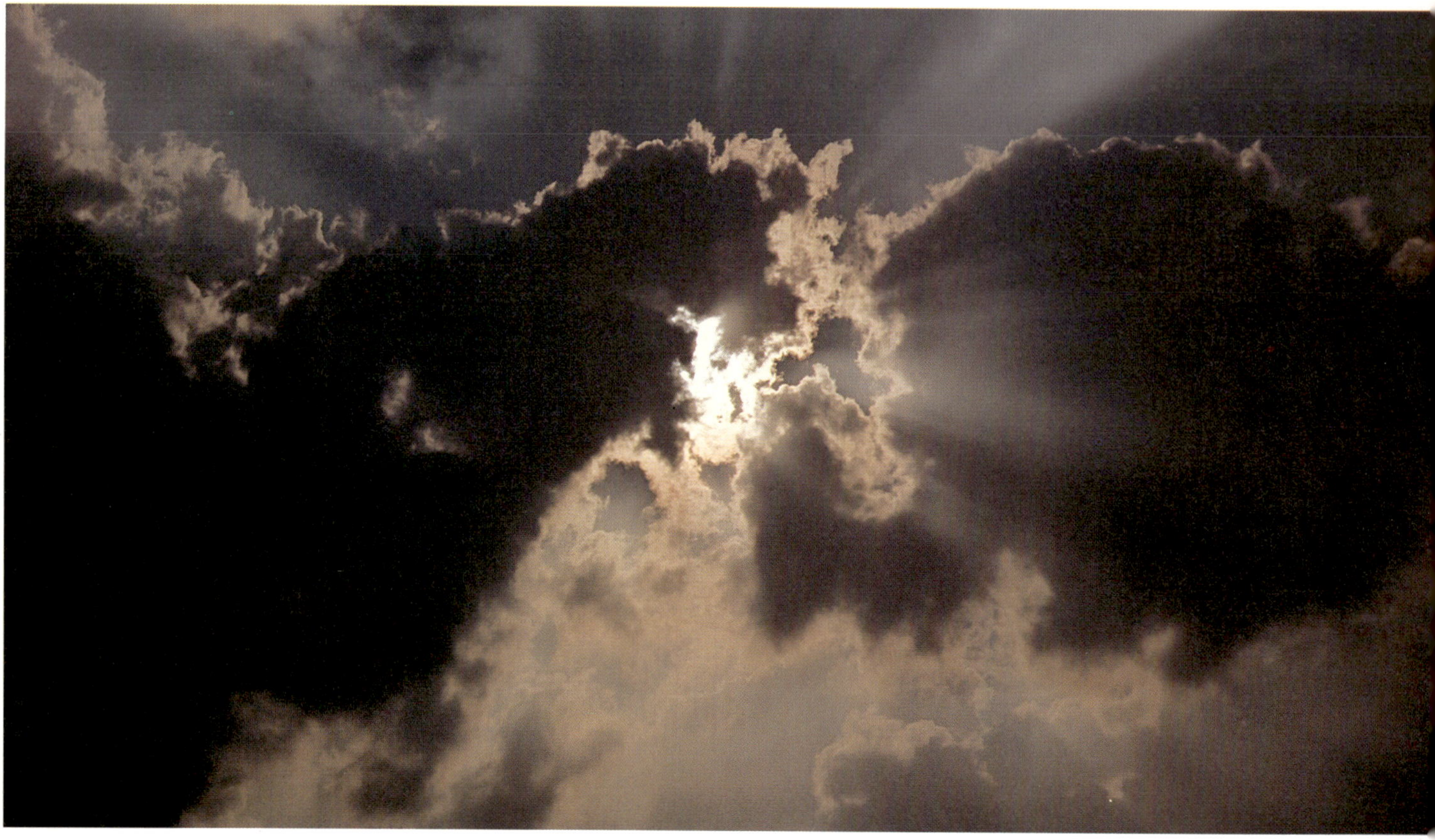
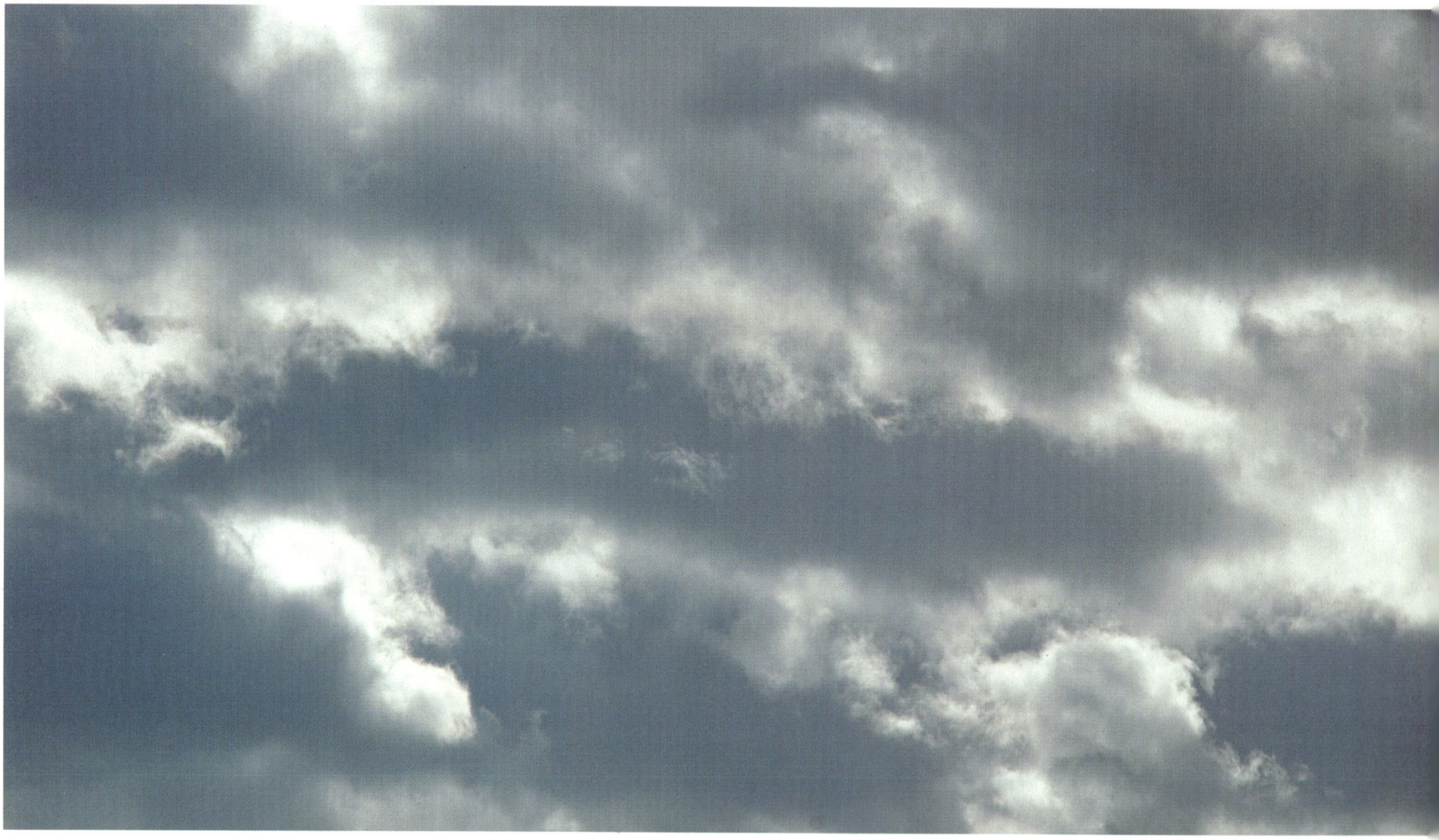

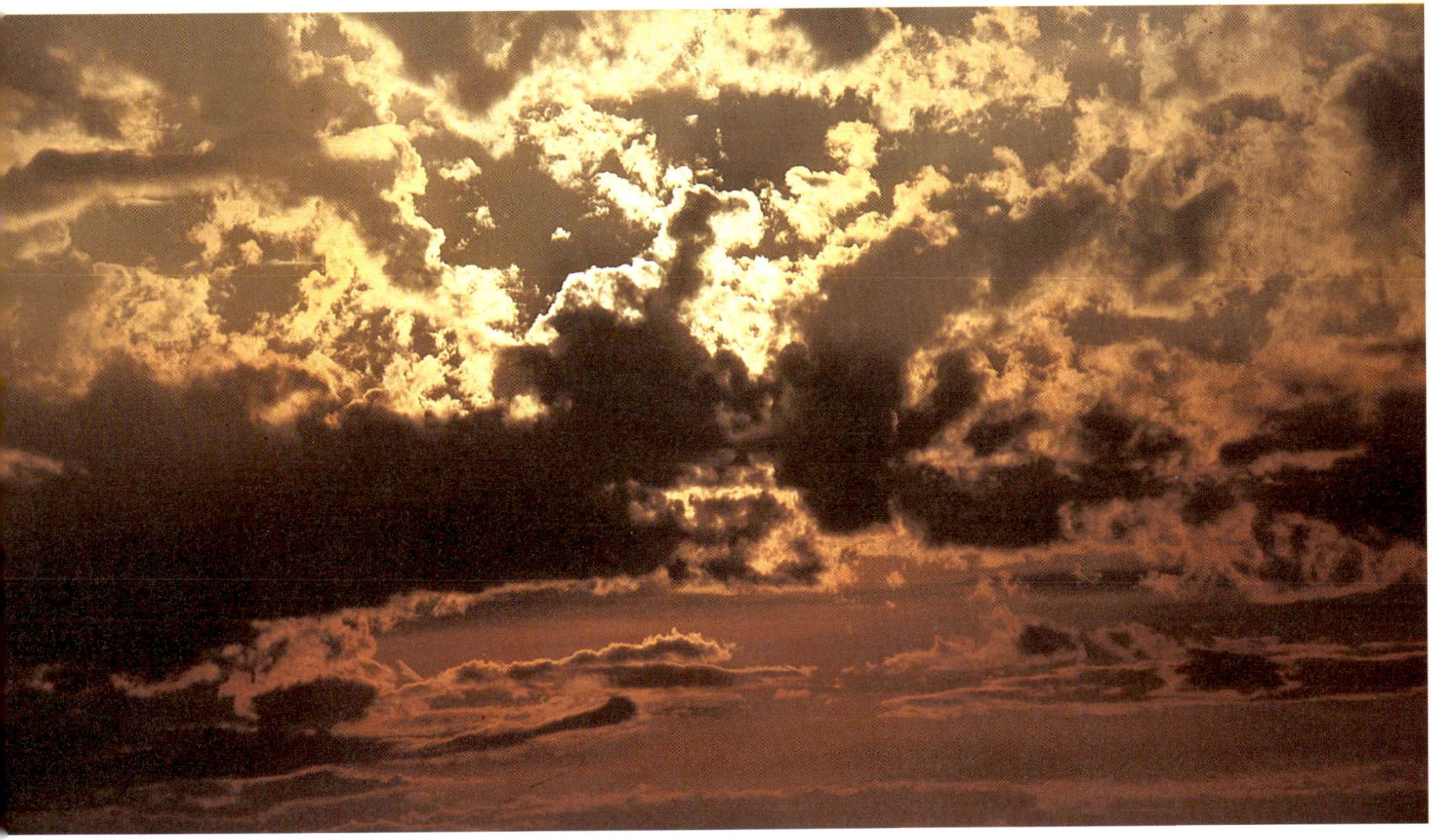

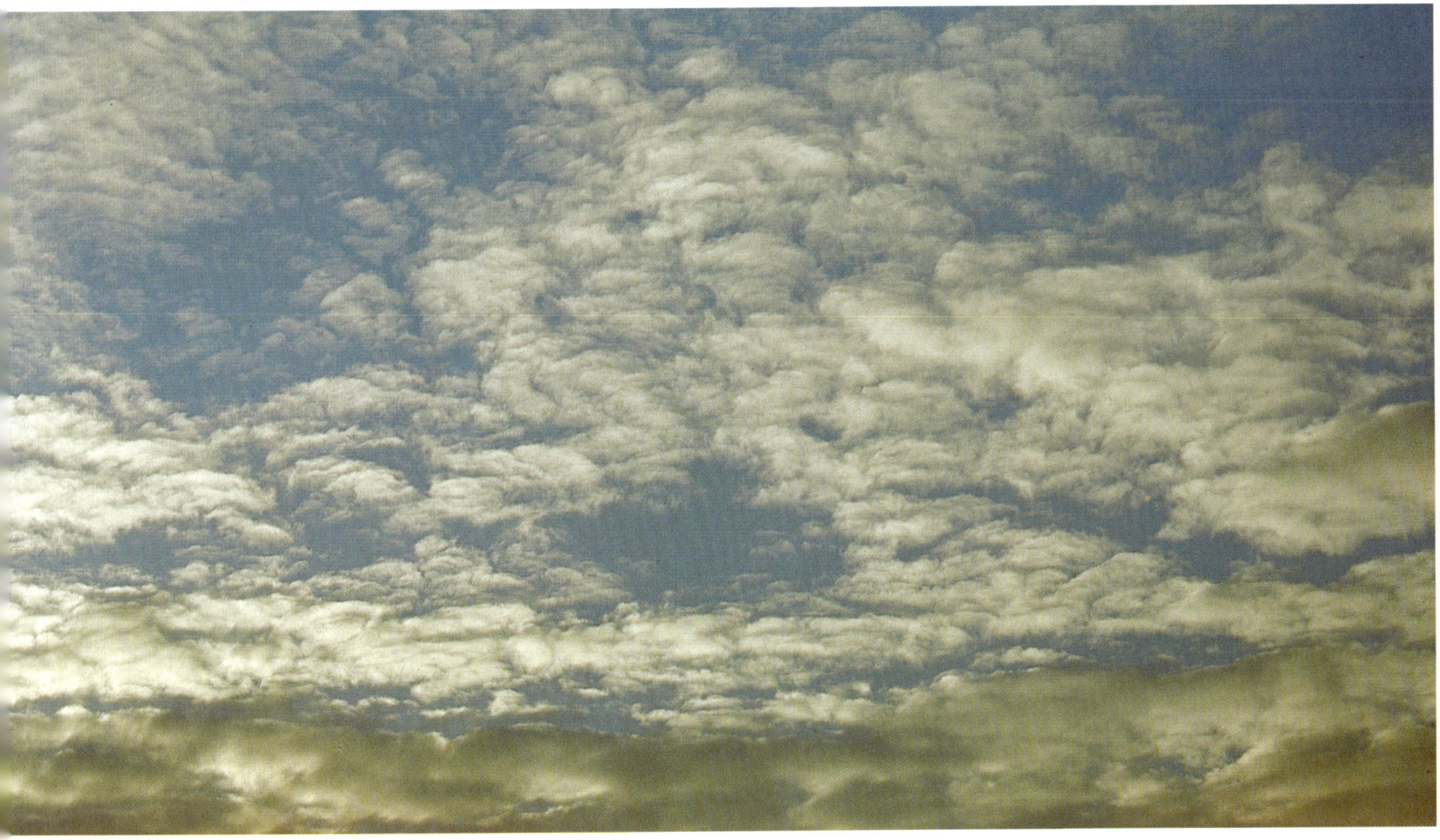

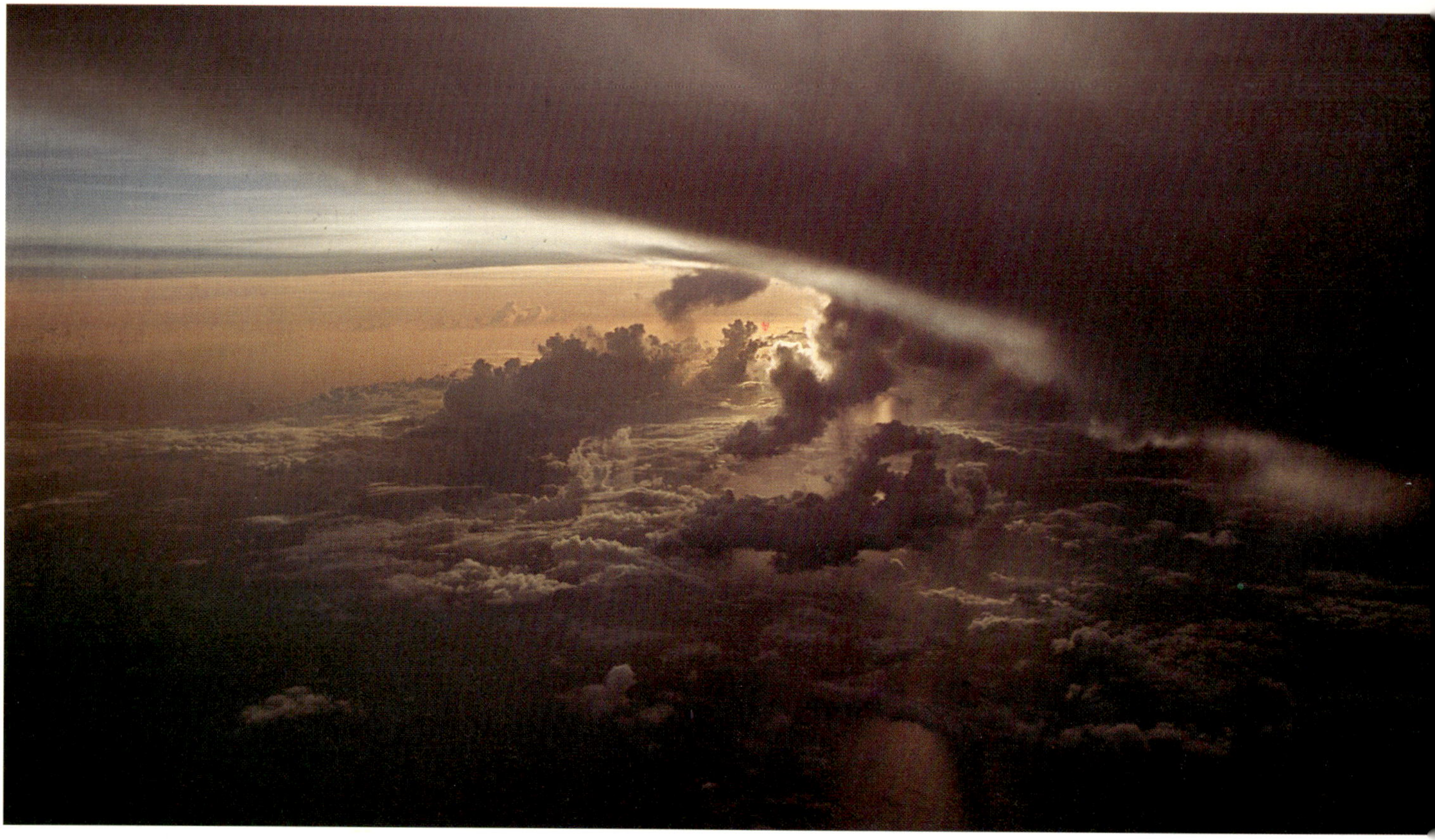

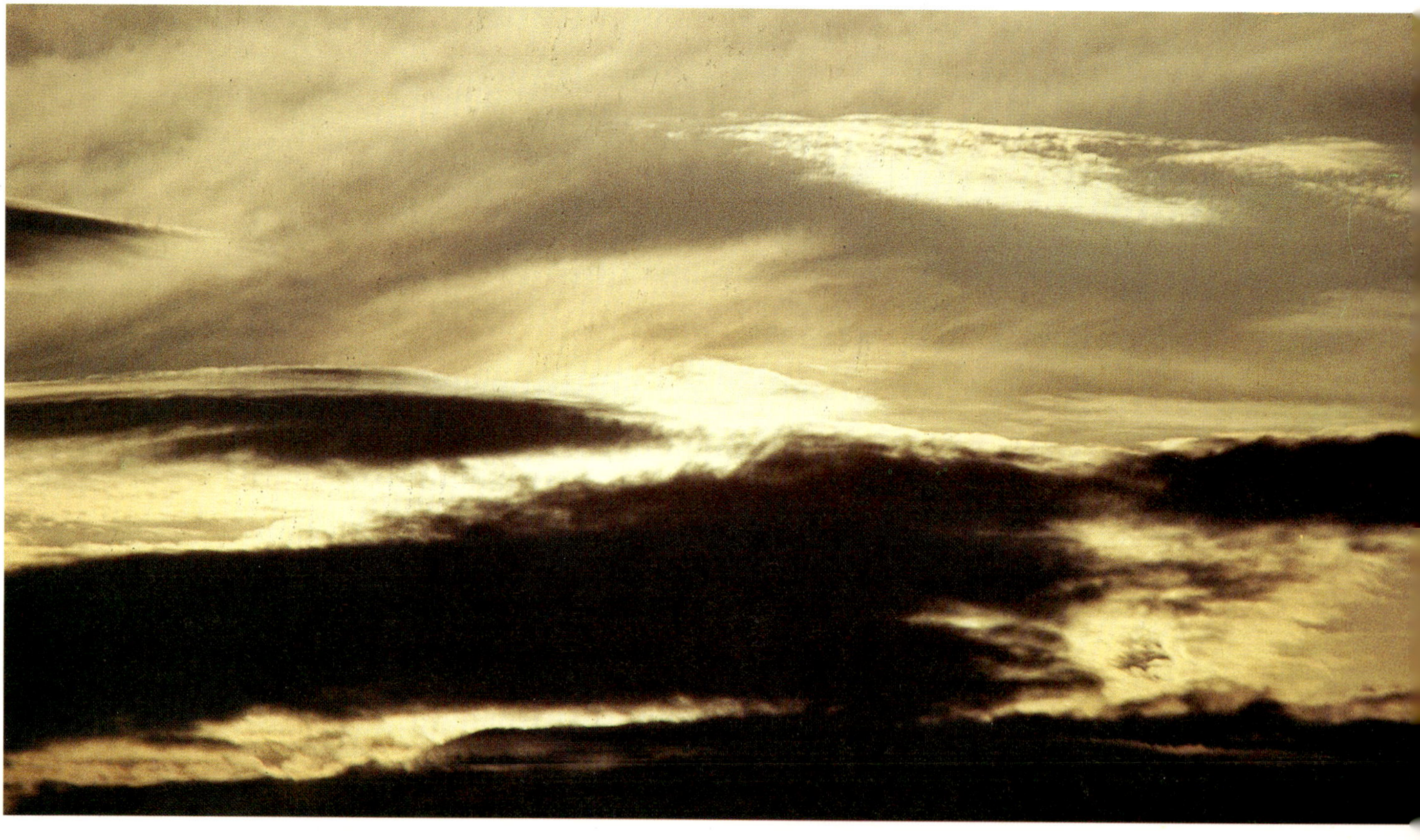

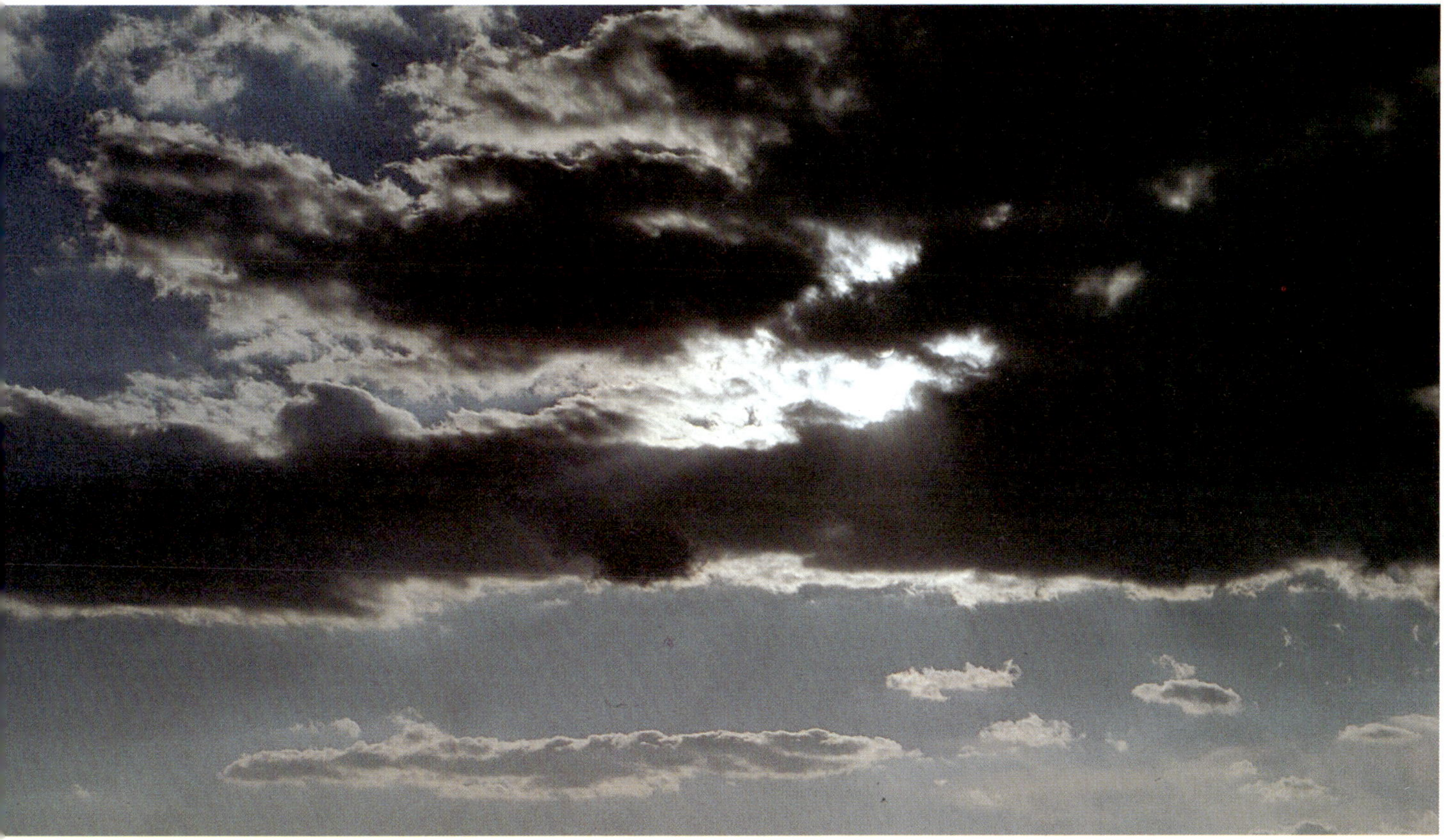

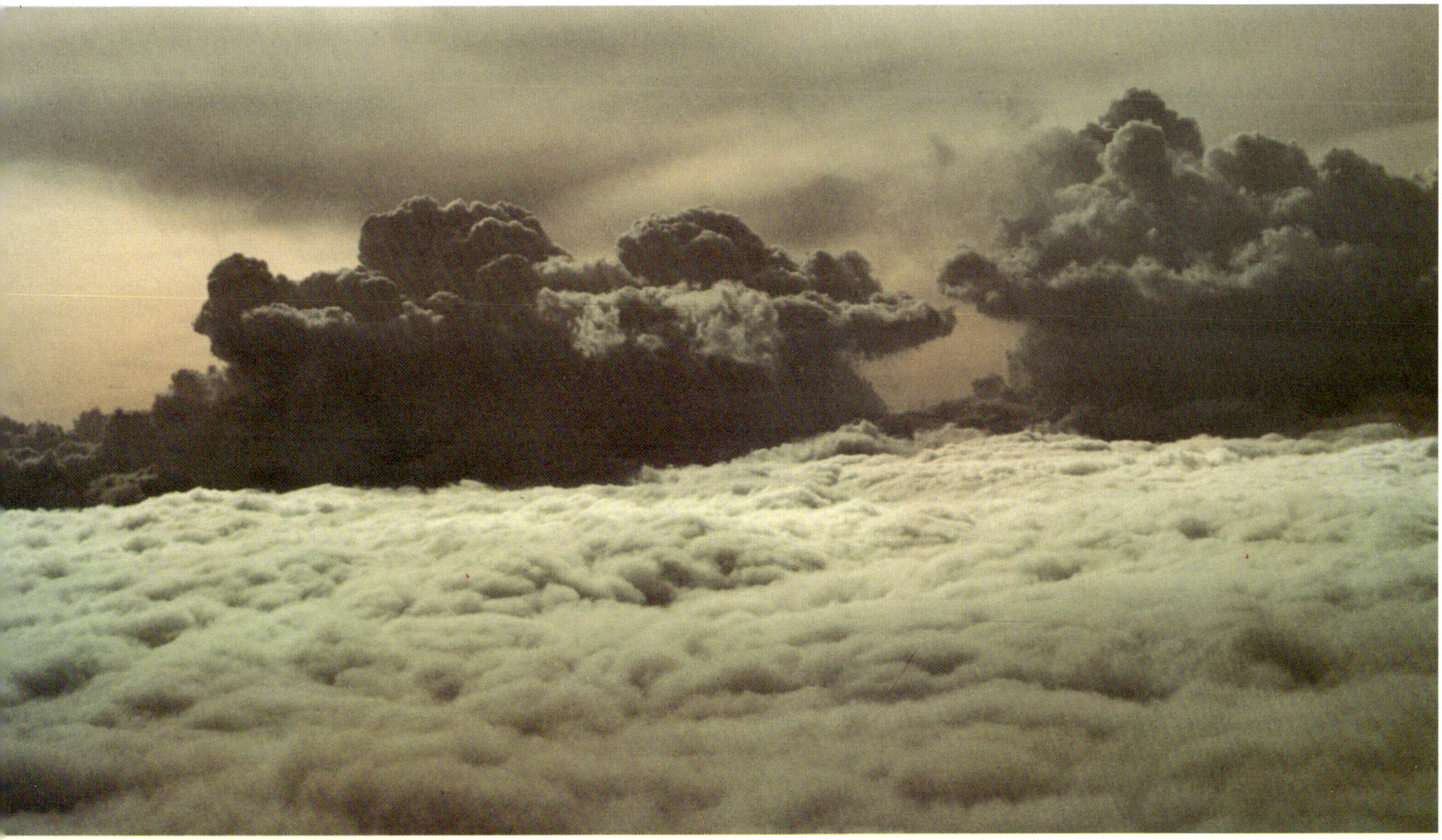

Geburtsstätte der Stürme

Überquert man, von Bogota, Quito oder Lima kommend, die Landenge von Panama, so breitet sich die Karibische See wie eine gewaltige, marmorgrüne Schale aus. Jeder Inselname bezeichnet ein Ferienparadies und erzeugt Phantasiebilder von einsamen Palmenstränden, exotischen Cocktails und Calypsotänzern: Barbados, Trinidad, Jamaica.

Für die Langstreckenpiloten, die sich zwischen Anden und Florida besser auskennen als auf Mönckebergstraße oder Stachus, stellen sich die Klischeevorstellungen ungetrübter Badefreuden schwerer ein. Zumindest im Spätsommer und Herbst, wenn sich der Golf von Mexiko als Geburtsstätte wahrer Höllenungeheuer erweist, der Hurrikane. Und da stehen sie dann, über Kuba oder Key West, wo noch immer Katzen dutzendweise durch die verwunschene Hemingway-Villa streichen. Explosionsartig schießen breitquellende Gewitterwolken bis in die Stratosphäre, blendend hell auf der Sonnen-, giftgrün drohend auf der Schattenseite. Im Cockpit werden jetzt Ausweichrouten diskutiert und Umleitungen von der Flugsicherung erbeten, denn ein Hurrikan ist eine tödliche Herausforderung, zu Lande, zu Wasser und in der Luft.

In der Luft freilich aus einem anderen Grund.

Windgeschwindigkeiten von 300 km/h, wie sie schon 1950 im Hurrikan *Dog* gemessen wurden, hinterlassen auf ihrer Erdbahn ein einziges Trümmerfeld. Dem Piloten in seinem Jumbo nötigen sie kaum ein müdes Lächeln ab. Wind, Sturm, Orkan, mögen sie Zyklon, Taifun, Tornado, Wasserhose, Staubtrombe genannt werden, lassen ihn in bezug auf die Windgeschwindigkeit kalt. Auf jedem durchschnittlichen Nordatlantikflug von New York nach Frankfurt gibt ihm nämlich der obligatorische Jetstream einen zusätzlichen *push* von runden 200 km/h. Und trotzdem liegt die sensible DC-10 oder Boeing 747 still in der Luft wie das sprichwörtliche Brett.

Piloten und Passagiere interessiert nicht die Horizontalgeschwindigkeit der gigantischen Stürme, die die Betroffenen an den hurrikangepeitschten Küsten Floridas in die Verzweiflung treibt. In den Reiseflughöhen der Jets bescheren Stürme zwar Gegen- oder Rückenwinde, fließen aber, sofern sie nicht durch hohe Gebirgsketten (Anden, Rocky Mountains, Himalaya) verwirbelt werden, gleichmäßig dahin. Hingegen können die Vertikalströmungen der Atmosphäre den Piloten mehr Kopfschmerzen bereiten als eine Flutwelle vor Fort Lauderdale. Diese Strömungen prägen sich im Bild der irrtümlich so genannten Schönwetterwolken am malerischsten aus. Denn Wolken sind Konvektions-, sind Kondensationsprodukte.

Wenn sich die Erde an sonnigen Tagen erwärmt, können in labiler Luft Warmluftpakete emporsteigen, und zwar so lange, wie sie wärmer bleiben als die umgebende Luft. Da die aufsteigende Luft sich in Richtung ständig abnehmenden Druckes bewegt, dehnt sie sich aus und kühlt ab. Dafür wird Energie in Form von Wärme verbraucht. Die daraus resultierende Abkühlung des Luftpakets läßt die relative Feuchte ansteigen. Erreicht sie einhundert Prozent, so setzt Kondensation ein. Die Geburt der Wolke hat sich vollzogen.

Über der hurrikangeschwängerten Karibik entstehen Wolken mit explosionsartiger Wucht. Ich habe oft an den Stränden von Barbados, Yukatan oder den Keys gesessen und mit der Uhr gestoppt: Quellwolken stiegen mit mehr als 2500 Metern pro Minute auf (ein mittelmäßig beladener Jumbo hat eine Steigleistung von rund 1000 Metern pro Minute). Wo der Aufwärtsdrang endet, die Wolke sich ausschichtet, kippt die Strömung um: An den Wolkenrändern, manchmal auch weit außerhalb in klarer Luft, setzt, zum Ausgleich, der Abwärtstrend mit kaum geringerer Vehemenz ein. Ein Jet, der mit Mach 0.84 – also vierundachtzig Hundertstel der Schallgeschwindigkeit – fliegt, durchrast innerhalb von Sekunden Felder von jäh wechselnden Aufwinden und Abwinden. Schwerste Turbulenz ist die Folge.

Von der Stratosphäre aus erscheint das Sturmgebiet als konzentrisch angeordnete Cumulus-Bergkette. Wer hineinfliegt, gerät in die Böenwalzen der Gewitter. In den Schleierwolken, die die Unwetterkerne hinter sich herziehen wie zerfledderte Fahnen, schlägt ihm Sankt-Elmsfeuer gegen die Scheiben – kaltzüngelnde Miniaturblitze, die sich bis zu einer meterlangen feurigen Lanze verdichten können. Der Flugzeugbug schiebt sie vor sich her, bis sie sich plötzlich mit grellem Schein entladen. Hagel prasselt gegen den Rumpf, Eis baut sich an den Scheibenwischern auf; dann schlagen Böen gegen die Flächen. In der Galley kracht der erste Container zu Boden. Blitze zucken aus dem Düster der Wolkenschächte; die ganze brodelnde Atmosphäre steht in Flammen. Flackernde Wände türmen sich unübersteigbar auf. Jäh wechselnde Auf- und Abwinde lassen das Flugzeug taumeln, rollen, gieren, stürzen, steigen. Jeder Verkehrspilot meidet derartige Unwetterdurchquerungen, mögen sie mit Hurrikanen, Kaltfrontgewittern oder tropischen Monsunen im Zusammenhang stehen, denn in den Kernen können die Beschleunigungskräfte so stark werden, daß sie das Flugzeug zerbrechen.

Für den Beobachter auf der Erde kündigt sich der Hurrikan schon lange vorher an: der Luftdruck sinkt, die Temperatur steigt, die Meeresdünung nimmt um die Hälfte ab. Zirruswolken ziehen auf, gefolgt von dichtem Cirrostratus. Sonne oder Mond zeigen einen Hof. Altostratus kommt auf, Altocumulus folgt. Danach türmt sich der Damm der eigentlichen Hurrikanfront bis zu 20000 Metern empor; darin peitschen Böen, Hagelschauer und Regen.

Die Aufwindblasen innerhalb der Gewitterwolken – im Fachjargon Ziebies benannt (Cb: Cumulonimbus), auch: Kavenzmänner – können unvorstellbare Kräfte entwickeln. Sie transportieren durchschnittlich 8000 Tonnen Luft pro Sekunde. Meine ersten Erfahrungen mit diesem Transportsystem sammelte ich 1957 als Copilot auf einer Super-Constellation. Die radarlose Maschine wurde in kürzester Zeit von 6500 auf 8000 Meter geschleudert, und das nicht etwa mit Steigleistung der vier Triebwerke, sondern im Leerlauf. Dazu fuhr mein Captain Fahrwerk und Klappen aus, ein Verfahren, das normalerweise den Absturz garantiert hätte. Aber die Fünfzig-Tonnen-Superconny stürzte nicht. Sie stieg in den Gewitter-Cumuli wie ein Ballon nach oben. Das Stewardessenlächeln erstarb.

Tropische Gewitterfronten entfalten ihre stärkste Aktivität jedoch nicht in den damaligen Reiseflughöhen von 6000 Metern, sondern in denen der modernen Jets, zwischen 10000 und 13000 Metern. Nicht nur die klar ausgeprägten Quellungen, die das Wetterradar anzeigt, beinhalten schwere Turbulenz, auch die Schirme und ausgeschleierten Ambosse, die oft auf dem Radar gar nicht erscheinen, können dem Jetpiloten zu schaffen machen.

Während die Böenschläge der Turbulenzen den Passagier verstört Deckung nehmen lassen, wenn der Inhalt seiner Kaffeetasse als Säule senkrecht an die Decke steigt, beunruhigt der Blitz ihn weniger. Einschläge machen sich (das Flugzeug ist ein Faradayscher Käfig) für ihn höchstens durch trockenes Anticken bemerkbar. Die durch einen Blitz übertragene Menge an Elektrizität ist übrigens gering, sie beträgt etwa 2 Coulomb. Das entspricht der Menge, die ein Strom von 2 Ampère in einer Sekunde überträgt. Für das Flugzeug entsteht die Komplikation dadurch, daß ein Blitz sich auch in Bruchteilen von Sekunden entladen kann, so daß die Stromstärke dann sehr intensiv wird. Seine Glut kann 30000 Grad Celsius betragen. Die Folge ist, daß leicht Sicherungen durchbrennen, die das elektrische System absichern. Der Blitz, der am 31. Juli 1947 in die Universität Pittsburgh schlug, lud sie mit 345000 Ampère auf. Damit hätte man 600000 60-Watt-Birnen brennen lassen können – allerdings nur für den $35/1000000$sten Teil einer Sekunde.

Auch die kinetische Energie läßt sich für einzelne Wolken- oder Wettererscheinungen feststellen. So besitzt eine simple Bö eine kinetische Energie von weniger als einer Kilowattstunde, eine simple Staubtrombe bereits zehn Kilowattstunden. Ein Tornado, wie er sich während der Hitzeperiode im April 1976 über dem amerikanischen mittleren Westen dutzendweise entfaltete, bringt es bereits auf 10000 Kilowattstunden. In durchschnittlichen Gewitterwolken toben sich 1000000 Kilowattstunden aus, bei Hurrikanen bis zu 10000000000. Und bei den Zyklonen und Taifunen des Fernen Ostens geht es sogar um 100000000000 Kilowattstunden. Zum Vergleich: Die Wasserstoffbombe verfügt über 10000000000 Kilowattstunden, die Atombombe, die 1945 Nagasaki zerstörte, »nur« über 10000000.

Ungeheuer im Luftmeer

Über der Bar des Jumbojets leuchtet das »Bitte-anschnallen«-Zeichen auf. Mit der gelassenen Schnelligkeit des Routiniers bringt der Purser seine Rum- und Whisky-flaschen in Sicherheit. Widerwillig klettern die Bargäste die Wendeltreppe hinunter, um sich auf den Sitzen in der Ersten Klasse anzuschnallen. Hinter den Scheiben züngeln Blitze wie Bildstörungen auf Fernsehschirmen. Aus einem der Gläser steigt eine senkrechte Cocktailsäule.

Ein paar spielerische *Uppercuts* und unfaire Tiefschläge der Luftböen, deren Flieh-kräfte hier einen Passagier in die Knie gehen, dort eine Stewardeß schmerzhaft an-ecken lassen. Dann wieder lange Perioden der absoluten Ruhe, in denen sich die Passagiere fragen, weshalb sie sich nicht losschnallen dürfen. Ein paar Wirbel, in denen Triebwerke und Flächen sich unwillig schütteln. Draußen, in sicherem Ab-stand, flackert der Widerschein der Unwetter durch düster quellende Wolken. Ein letzter, grotesker Sprung des siebzig Meter langen Riesen; unten ziehen die rostro-ten Felsen Helgolands vorbei, schon taucht die Elbmündung mit Schaarhörn, Neu-werk und Großem Vogelsand auf. Die Gewitterfront nördlich der Ostfriesischen Inseln ist durchquert, die kurze Atlantiknacht vorüber. Wir beginnen in Kürze mit dem Anflug auf Frankfurt, sagt der Steward.

So oder ähnlich spielen sich für den Passagier in der Kabine fast alle Gewitterflüge ab. Beschwerden wegen der Unbequemlichkeit derartiger meteorologischer Stör-versuche beziehen sich zum überwiegenden Teil keinesfalls auf Turbulenz und Wetter, sondern auf den Zwang, bei scheinbar völlig ruhigem Wetter angeschnallt bleiben zu müssen.

Weniger glücklich waren die einundachtzig Passagiere und Besatzungsmitglieder jenes Clippers, der am 8. Dezember 1963 von Baltimore nach Philadelphia flog – ein halbstündiger Sprung, der in Amerika als *milkhop*, bei uns als *über die Dörfer ge-hen* bezeichnet wird. Die als Elkton-Unfall in die Luftfahrtgeschichte eingegangene Katastrophe ist deshalb so bedeutsam, weil damals mit vielen falschen Vorstellun-gen aufgeräumt und eine neue »Philosophie des Gewitterfluges« entwickelt wurde.

Am Abend jenes 8. Dezember zog eine außergewöhnlich intensive Kaltfront, die ihren Ursprung in Kanada hatte, quer über die Nordoststaaten zur Atlantikküste hin. In ihrem Gefolge entwickelten sich schwere Gewitterstürme und Böenwalzen, vor denen das US-Wetterbüro bei jeder Beratung und in sogenannten extra Sigmets (Significant Meteorological Conditions) warnte. Die Ankunft der Hauptfront in der Gegend um Baltimore und Philadelphia war für 20 Uhr vorausgesagt worden. Gleich nach dem Start der Boeing 707 auf Baltimore-Friendship hob sich die Front eindruckerweckend auf dem Radarschirm ab. Kein Flugzeug, das an jenem Abend über dem Osten der Vereinigten Staaten unterwegs war, konnte völlig ungeschoren vor Gewittern davonkommen. In den unteren Höhen, wo kleine Flugzeuge flogen, wurde mittlere bis schwere Turbulenz erwartet, in den Höhen der Kolbenverkehrsflugzeuge und kleineren Jets schwere bis extrem schwere Turbulenz. Über 8000 Meter, in den Reiseflughöhen der größeren Jets, entwickelten sich Gewitter bis auf vierzehn Kilometer Höhe. Für die klaren Zonen zwischen den Wolkentürmen war Clear-Air-Turbulenz in Aussicht gestellt, die typische Wetterlage in einer schnell ziehenden Kaltfront, die auf warme, instabile, nordwärts fließende Luft stößt. Ein Jetstream in großer Höhe verschlimmerte die Situation durch zusätzliche Höhenturbulenz, in Bodennähe erwartete man Tornados – eine Nacht, in der man keinen Hund hinter dem Ofen hervorlocken konnte, in der aber Tausende von Piloten unterwegs waren.

Clipper 214 kam zwischen 20 Uhr 30 und 20 Uhr 45 über dem Wartefunkfeuer für Philadelphia, New Castle, an. Um 20 Uhr 15 hatte Captain George Knuth, wie sein Erster Offizier John Dale ein alter Veteran, die Maschine in Baltimore von der Startbahn gehoben. Während des turbulenten Gewitterfluges waren die »Anschnallen«-Zeichen nicht erloschen. Inzwischen hatten sich über New Castle bereits fünf Flugzeuge zum Warten entschlossen, da zwischen ihnen und dem Flugplatz eine außergewöhnlich starke Böenwalze durchzog. Dreihundert Meter über dem Clipper kurvte eine DC-8 der National Airlines. An ihrem Steuer saßen Captain Malcolm Campbell und Captain Gerald Sutliff. Campbell, der mehr als zwanzig Jahre Flugerfahrung besaß, wußte noch nicht, daß er knapp fünfzehn Minuten später ein Erlebnis haben sollte, das alles übertraf, was er bisher gesehen hatte.

Das Wetter über New Castle war eine einzige Höllenorgie aus schwerster Turbulenz, Hagelschauern, Blitzkaskaden, Böenwalzen. Um die vorgeschriebenen Haltekurse und Höhen einhalten zu können, mußten die Piloten all ihr Können, ihre Erfahrung und ihre körperliche Kraft aufwenden. Die Anweisungen und Empfehlungen des Kontrollturms kamen, gestört durch die statischen Entladungen, nur zum Teil verständlich durch. Die auf der Wetterfrequenz eingeholten Informationen trugen nicht zur Entspannung der Besatzungen bei: »Über West-Virginia, Maryland, Delaware, North-Carolina und Küstengebieten mäßige bis starke Clear-Air-Turbulenz, zwischen 7000 m und 13000 m. Zusätzliche Warnung für leichte Flugzeuge: schwere Vereisung unter 3000 m. Gelegentlich extrem schwere Turbulenz unter 2500 m.«

Die Arbeit, die der zuständige Controller im Philly Air Route Traffic Control-Zentrum auszuführen hatte, war kaum weniger beneidenswert. Paul Alexy kämpfte an diesem Abend besonders intensiv mit den Unzulänglichkeiten moderner Technik im Jetzeitalter: Niederschlag und Gewitter bedeckten seinen Radarschirm mit Störbildern, die es schwer machten, die zahllosen Echos der Flugzeuge klar zu unterscheiden und zu identifizieren. Der Funksprechverkehr war zum Verzweifeln; sobald die akustischen Verhältnisse sich besserten, versuchten alle Piloten gleichzeitig zu reden. Die Blitzschläge krachten wie berstendes Metall in seinen Kopfhörern. Seine Aufgabe war es, die ankommenden Flugzeuge im Wartefix aufzureihen und auf ihren Wunsch hin zum Anflug mit einem Kurs, der sie auf die Landeanflugrichtung führte, freizugeben.

Diesen Wunsch hatte noch niemand geäußert. Obwohl die Piloten inmitten der prasselnden Hagelböen, Blitze und Vertikalböen das Gefühl hatten, in einer Falle zu sitzen, schien ihnen ein Anflug mit schwerster Turbulenz in Bodennähe, mit orkanartigen Querwinden und Böenwalzen im Anflugsektor weitaus bedenklicher. Hingegen wollten sie stets auf dem letzten meteorologischen Stand sein und Alexy gab, äußerlich gelassen, durch, was auf seinen Tisch flatterte:

Hier ist das letzte Philly-Wetter, mal sehen,... eh... also: Wind aus 270 Grad mit 25 Knoten; wir wollen jetzt Landungen auf der Bahn 27 machen... Wolken vereinzelt in 200 m, durchbrochen in 300...«

Inzwischen machte eine Aero Commander, ein Geschäftsflugzeug, aus der Richtung von Woodstown, einen Anflug. Kommentar des Piloten: »Ich bin dabei, meine Fahrt zu reduzieren... wir sind hier in ziemlich schlimme Turbulenz gerannt, so... also... ich gehe so weit wie möglich mit der Fahrt herunter!«

»Fein«, antwortete Alexy. »Wir scheinen jetzt Böigkeit in sämtlichen Sektoren zu haben...«

Kurz vorher hatte sich der Kapitän der DC-8 zur Landung entschließen wollen. Nach dieser Nachricht gab er sein Vorhaben auf: »Philly, wir haben keine allzu große Lust, in dieser Böenwalze gerade jetzt zu landen... stimmt es, daß sie in zehn Minuten durchgezogen ist?«

Wenig später entschlossen sich jedoch zwei andere Maschinen oberhalb der PAN-AM-707 und der National-DC-8 zu einem Anflug. Danach bat auch Clipper 214 um Anfluggenehmigung. Alexy: »Okay... Clipper 214, haltet wie angeordnet. Ich hol' euch raus, sobald ich kann!«

»Ah, keine Beeilung«, beruhigte John Dale, »wir wollten nur wissen, ob ihr uns überhaupt Genehmigung gebt!«

»All right! Fein!« Bald darauf gab er an die beiden kurvenden Maschinen durch: »Es sieht jetzt etwas besser aus. Wie steht's jetzt mit der Turbulenz in eurer Gegend?«

Aber »National« antwortete nicht. Statt dessen kam die Stimme John Dales aus dem Clipper durch den Äther:

»*Mayday... Mayday... Mayday...* Clipper 214 außer Kontrolle... Da gehn wir hin!«

Danach die Stimme Sutliffs aus der DC-8: »Clipper 214 stürzt brennend ab!«
Die beiden Piloten hatten in ihrer langen Praxis noch nie den Notruf *Mayday* aus
akutem Anlaß gehört. Sie saßen beide schreckerstarrt in ihrem Cockpit und sahen
den Feuerball erdwärts fallen. Gleich darauf wurde ihre Maschine von einem blen-
denden Lichtbogen getroffen. Erregt bat Sutliff um Genehmigung, nach New York
ausweichen zu dürfen. Als er sie nicht sofort erhielt, schrie er ins Mikrophon: »Wir
wollen hier nicht länger bleiben, verstanden?«

Die Boeing 707, die an jenem Unwetterabend über Elkton, Maryland abstürzte, war
übrigens die allererste 707, die in die Zivilluftfahrt übernommen wurde. Ich hatte
sie öfters in Rom-Ciampino stehen sehen; und wenn man damals, in der Einfüh-
rungszeit der Jets, mit den Piloten sprach, so waren sie zwar einerseits stolz, gaben
andererseits aber zu, daß noch eine Menge Probleme zu lösen seien, bevor die Ma-
schine ausgereift sei.
An dem Unglücksabend 1963 kam dieses geschichtemachende Flugzeug aus San
Juan in Westindien; nach der Zwischenlandung in Baltimore wäre Philadelphia das
Endziel gewesen. Am frühen Nachmittag des gleichen Tages war ich, von St. Louis
über New York nach Deutschland mit einem Charter unterwegs, nördlich an
Philadelphia vorbeigeflogen. Die Wettersituation war noch nicht so kritisch wie
am Abend, aber es lag sozusagen eine Menge in der Luft: unvorhergesagte Böen
und Turbulenzen in verschiedenen Höhen, krasse Temperaturunterschiede und
Riesenalleen gewaltiger Wolkentürme, die sich hemmungslos über den Himmel
ausbreiteten.
Als mögliche Gründe für den Elkton-Unfall sind viele Umstände und Begleiter-
scheinungen zusammengetragen worden: Gewittertätigkeit, Tornadogefahr,
Clear-Air-Turbulenz, überfüllte Lufträume (der Nordosten Amerikas gehört zu
dem am meisten beflogenen Teil), relativ hohes Alter des Flugmaterials, zweiter
Streckenabschnitt eines längeren Fluges mit dem Bewußtsein der Besatzung, bald

zu Hause zu sein. Oft können die gegensätzlichsten Nebensächlichkeiten oder ihre Summierung den Auslösefaktor für einen Unfall darstellen.

Im vorliegenden Fall vermutete das »Civil Aviation Board« extrem starke Turbulenz als Absturzursache. Dieser Schluß lag auf der Hand, denn schließlich herrschte über dem Unfallgebiet tatsächlich starke Turbulenz. Außerdem waren die Piloten in aller Welt bis zum 8. Dezember 1963 davon überzeugt, daß ein simpler Blitzschlag niemals ein Flugzeug zum Absturz bringen könnte: als Faradayscher Käfig bietet es den Insassen, genau wie jedes geschlossene Auto, absoluten Schutz. Boeing-Ingenieur Donald Nordstrom, zuständig für die 707, konnte an dem Wrack keinerlei Spuren von Blitzeinschlag feststellen, aber sämtliche Experten irrten: die Elkton-Boeing war durch einen Blitzschlag zum Absturz gebracht worden!

Um das Phänomen der Blitzkraft zu verstehen, muß man wissen, daß die Energie eines Blitzes etwa eine halbe Sekunde anhält. In einem Normalgewitter entstehen zehn bis zwanzig Blitze pro Sekunde, von denen jeder im Durchschnitt eine Energie von 100 000 Kilowatt erzeugt. Diese Energie wird jedoch nicht an die Erde abgeliefert, sondern auf ein ionisiertes Feld zwischen Wolke und Erde verteilt. Das Potentialgefälle zwischen beiden kann im Verhältnis von 100 000 000 Volt zu 10 Volt stehen. Temperaturen von 15 000 Grad Celsius in den ionisierten Entladungskanälen sind keine Seltenheit. Es ist die Voltstärke, die den Unterschied zwischen normalen harmlosen Blitzen und solchen schafft, die bei seltenen Gelegenheiten auch Flugzeugen gefährlich werden können.

Vor anderthalb Jahren flog ich mit meiner DC-10 über die Große Sandwüste Australiens. Es war Nacht, aber im Schein des Vollmondes sah ich eine einzige, klar ziselierte Gewitterwolke genau vor Alice Springs stehen. Sie war noch außerhalb des 150-Meilen-Bereichs des Wetterradars, trotzdem züngelten schon jetzt waagerechte Blitze aus dem Wolkenschirm, die blendend hell waren. Eine Überschlagsrechnung ergab, daß sie eine Länge von mehr als fünfzig Kilometern besitzen mußte und sie wurde dann nach dem Radar in fünfundsechzig Kilometer Entfernung ehrfürchtig umflogen – eine Vorsichtsmaßnahme, die sogar den versierten Copiloten zu einer ironischen Bemerkung reizte. Querab stellten wir plötzlich fest, daß wir selbst auf diese Distanz noch in den Zirrenschleier der Wolke gerieten, der weder mit bloßem Auge, noch auf dem Radar sichtbar war. Diese Feuchtigkeitszone leitete die extrem hochvoltigen Blitze über enorme Entfernungen. Nach kurzem, intensivem Sankt-Elmsfeuer folgte der Blitzeinschlag, nichts als ein trockenes, sanftes Ticken, doch ich bin sicher: Hätten wir diese Wolke nur gerade so eben umflogen, wie oft nicht anders möglich, so hätte die extrem hohe Voltzahl dieser Blitze im günstigsten Fall Metallteile vom Flugzeug abgeschmolzen.

Eines der eindruckerweckendsten Gewitter beobachtete ich über dem Ruhrgebiet. Seine östlichen Ausläufer dehnten sich bis weit über den Thüringer Wald. Wenn man die Panik kennt, die Gewitterstürme auf der Erde erzeugen, so kann es manchmal auch beruhigend sein, im Cockpit eines Flugzeugs zu sitzen, mit dem man sich mit annähernder Schallgeschwindigkeit vom Gefahrenherd entfernen kann. Und so genossen wir einen faszinierenden Anblick.

Aus den Industrieabgasen hatte sich eine Dunstglocke gebildet, die im Purpurschein der untergehenden Sonne von sanften Pastelltönen durchädert wurde und aus der die Nacht in stahlblauen Schattengardinen über das Lichtermeer der Städte tropfte. Nach oben aber schossen perlmuttfarbene Gewittertürme wie Pilze empor. Jedes Gebilde war in der Form einzigartig und unverwechselbar. Manche blieben im Anfangsstadium stecken, andere entfalteten ein wildes Schauspiel mit Ambossen, Vereisungsfahnen und Mammatus-Wolken, die wie aus einem überschäumenden Krug quollen und abwärts rannen. Als sei jede Wolke mit einem elektrischen Glühdraht ausgerüstet, flackerten in unregelmäßigen Abständen Blitze auf. Gleichzeitig ging im Osten in einem diffus schwarzen Himmel der Vollmond auf.

Das Licht der Ruhrstädte, Abendsonne und Abendmond, Pastellfarben und Wetterleuchten machten diese Gewitterdurchquerung zu einem unvergeßlichen Erlebnis.

STRATUS

Wenn von dem stillen Wasserspiegelplan
Ein Nebel hebt den flachen Teppich an,
Der Mond, dem Wallen des Erscheins vereint,
Als ein Gespenst Gespenster bildend scheint,
Dann sind wir alle, das gestehn wir nur,
Erquickt', erfreute Kinder, o Natur!
Dann hebt sich's wohl am Berge, sammelnd breit
An Streife Streifen, so umdüstert's weit
Die Mittelhöhe, beidem gleich geneigt,
Ob's fallend wässert oder luftig steigt.

CUMULUS

Und wenn darauf zu höhrer Atmosphäre
Der tüchtige Gehalt berufen wäre,
Steht Wolke hoch, zum herrlichsten geballt,
Verkündet, festgebildet, Machtgewalt,
Und, was ihr fürchtet und auch wohl erlebt,
Wie's oben drohet, so es unten bebt.

CIRRUS

Doch immer höher steigt der edle Drang!
Erlösung ist ein himmlisch leichter Zwang.
Ein Aufgehäuftes, flockig löst sich's auf,
Wie Schäflein trippelnd, leicht gekämmt zuhauf.
So fließt zuletzt, was unten leicht entstand,
Dem Vater oben still in Schoß und Hand.

NIMBUS

Nun laßt auch niederwärts, durch Erdgewalt
Herabgezogen, was sich hoch geballt,
In Donnerwettern wütend sich ergehn,
Heerscharen gleich entrollen und verwehn!–
Der Erde tätig-leidendes Geschick!
Doch mit dem Bilde hebet euren Blick!
Die Rede geht herab, denn sie beschreibt;
Der Geist will aufwärts, wo er ewig bleibt.

JOHANN WOLFGANG VON GOETHE

Die Stratosphäre

Wer sich in die Stratosphäre begibt, sieht, fühlt und riecht, daß er eine Grenze überschritten hat.

Vorher war sein Blick erdwärts gewandt; jetzt schweift er haltlos in die Endlosigkeit einer wahrhaft blauen Ferne. Hier, an dem schmalen Dunststreif der Tropopause, die wie eine Schwelle am Eingang des neuen Reiches liegt, enden die Ausdünstungen der Erde. Als tauche man aus einem trüben Wasser empor, gewinnen die Augen neue, überirdische Klarheit. Als steige man Tempelstufen hinauf, beginnt die Maschine in den Verwirbelungen der Grenzschicht zu schwanken. Als dringe man in eine neuartige Atmosphäre ein, reizt Ozon den Geruchssinn. Er kündet die Tropopause an, wie der würzige Meereswind die Nähe tropischer Gestade verrät.

Die Wirbel, die wie ein ätherischer Stacheldrahtzaun den Erdball umrunden, bilden nicht nur für den Menschen, der den Dunstkreis der Erde verlassen will, ein warnendes Hindernis. Auch die Wolken enden hier; nur wenige tropische Gewitter, kühne Einzelgänger, durchstoßen für kurze Zeit die meteorologische Hülle. Die Luft, die sich mit zunehmender Höhe abgekühlt hat, erwärmt sich wieder. Winde, die im Erdbereich mit Orkanstärke wehten, flauen ab oder ändern ihre Richtung. Plötzlich ist die Erde, auf der man eben noch bekannte Straßen, Flüsse, Gebirgstäler zu finden hoffte, sehr fern. Unter der Dunstglocke ruhen die Bezugspunkte menschlichen Daseins wie Schätze auf dem Meeresgrund. Ausgetreten aus unserem vertrauten Bereich scheinen wir beziehungslos im kalten All zu kreisen, bis wir spüren, daß wir lediglich in ein neues Stadium unseres Menschseins treten. So wie wir aus der physischen Hülle unseres Planeten hinausgetreten sind, wächst unser Geist über unseren Körper hinaus. Auch die grenzenlose Ferne, die jetzt um uns ist, ist Teil unseres Wesens. Sie gehört deshalb unlösbar zu uns, weil sie uns über uns selber hinausweist. Sie zwingt uns beständig zur Verwandlung: sie zwingt uns, etwas zu erreichen, das wir noch nicht erreicht haben; etwas zu werden, das wir noch nicht sind. Sie mahnt uns, unsere Grenzen nicht im Leiblichen zu sehen.

Wir können notfalls mit weniger Gliedmaßen existieren – ohne den Drang, über uns selber hinauszuwachsen, sind wir nicht Mensch.

Zwischen Start und Landung ist die Stratosphäre für den Flieger der Raum, in dem er sich seiner selbst bewußt werden kann. Unter ihm ist versunken, was eben noch so gigantisch, so erregend, so kränkend, so eindeutig zu sein schien. Hier oben ist alles auf die richtige Relation zurückgeführt: Himmel, Erde, Mensch. Hier oben zeigt sich, ob sein Ziel erstrebenswert, ob sein Streben wesentlich, ob sein Wesen durch sein Ziel und Streben erweitert worden ist.

Meine erste Begegnung mit der Stratosphäre hatte ich während eines Trainingsfluges über Arizona. Zum ersten Mal stieg ich höher als achttausend Meter – und ich erschrak. Es war nicht die Entfernung von der Erde, die mir fremd war; es war die Veränderung der Luft. Das physikalische Gesetz, daß die Erdhülle mit zunehmender Höhe dünner wird, mochte man theoretisch kennen; es praktisch zu erfahren, versetzte mir einen Schock. Mein Flugzeug schwankte wie ein zu schwer beladener Dampfer auf dem Meer – eine Folge der höheren Geschwindigkeit, die den geringeren Auftrieb ausgleichen sollte. Der geringfügigste Steuerausschlag genügte, um abrupte Lageänderungen hervorzurufen. Meine neue Maschine, die ich in niedrigen Höhen bereits so gut zu kennen glaubte, entpuppte sich als ein völlig andersartiges Geschöpf.

Der Steigflug durch die turbulente Grenzschicht in die Stratosphäre brachte mir die Begegnung mit Naturkräften, die ich nicht durchschaute und über deren Stärke selbst Meteorologen nichts Konkretes auszusagen wissen. Hatten die Piloten der vergangenen Generation mit Stürmen, Nebeleinbrüchen und Gewittern gekämpft, so mußte ich mit mir selber kämpfen: gegen die Angst, zu unterliegen, gegen die Panik, den Überblick über die Instrumente im Höllentanz der Zeiger zu verlieren.

Später wurde der Ausflug in die Stratosphäre zur Routine. Wir verbrachten dort unsere Berufsstunden, wie Verwaltungsbeamte in ihren Büros. Tatsächlich wurde unsere Tätigkeit weniger vom Fliegerischen als vielmehr durch eine Fülle von Papierarbeiten bestimmt. Was wir verwalteten, war die Schwerkraft, die wir für wenige Cockpitstunden in unserer Gewalt hatten.

Wenn unten die Sonne hinter düsteren Wolkenmassen nur eine ferne Hoffnung war, wenn sich unsere Mitmenschen mit ihren täglichen Sorgen zermürbten, tauchten wir in die ewige Sonne der Stratosphäre wie zu einer Reinigung ein. Und wenn wir, nach gewonnenem Abstand, abends zurückkehrten, sahen wir die Dinge und Probleme in einem anderen Licht.

Wolken sind Gedanken,
die am Himmel stehn.
Keine Schrift der Erde
schrieb sie je so schön.

Manchmal hingerissen
hart und wie im Zorn,
manchmal wie im Traume
leise und verlor'n.

Und seit Ewigkeiten
stehen so sie da,
eh' ein Menschenauge
noch nach ihnen sah.

Und in Ewigkeiten
werden sie so stehn,
auch wenn Menschenaugen
längst sie nicht mehr sehn.

HERMANN CLAUDIUS

Nichts zu sehen, nur Licht

Start in New York: Nebel, Nieselregen, kein Horizont. Kein Himmel, endlich diffuse Helligkeit. Das Grau wird plastischer, schattenreicher – schmutzige Flecken, Linien wie von auslaufender Tusche. Man steigt wie aus einer Gruft, drinnen beginnt die Schwimmwesten-Ansage, draußen wirft jemand Bälle schneeigen Lichts gegen die Scheiben. Flocken zerfasern, Blau stößt durch, blendende Helle. Haken Sie vorn die beiden Gurte ein, sagt die Stewardeß. Die Boeing treibt auf den Wolken, vibriert und schüttelt die letzten Fetzen ab wie ein aus dem Wasser steigendes Lebewesen, man wird sich der Geschwindigkeit bewußt, das Auge täuscht Beschleunigung aus dem Stillstand vor.

Nach dem Spätnachmittagsstart auf Long Island überfliegt die Boeing eine ausgedehnte Gewitterfront. Abend fällt über Nova Scotia; plötzlich gerät das Flugzeug in eine Orgie aus Licht: im Halbdämmern flackern Blitze durch die Zirrenschleier der Quellwolken; über Halifax flammt ein pausenloses Feuerwerk aus Kaskaden, Schlangen, Wirbeln.

Beim Eintauchen in eine Wolkenschicht erzeugt die elektrostatische Aufladung der Atmosphäre Sankt-Elms-Feuer an Scheibenwischern, Bug, Flächenspitzen, Turbinenverkleidungen – das ganze Flugzeug ist umzüngelt von den kalten Flammen, die nach der Erscheinung genannt sind, die der Bischof Sankt Elmus hatte. Kaum wird der Abendhimmel wieder sichtbar, taucht der Mond aus dem Dunst der Tropopause wie aus dem Meer auf. Gleichzeitig projiziert die untergegangene Sonne den Erdschatten voraus auf den Nachthimmel; der Horizont wölbt sich auf, die Krümmung wird von dunklem Purpur umbändert.

Während des Steigfluges lassen sich weitere Erscheinungen beobachten. Zum Beispiel der Schatten des Flugzeugs auf einer kaum wahrnehmbaren Lufttrübung unterhalb des Flugzeugs, umgeben von einer regenbogenfarbenen Aura. Mönche im Hochland von Tibet haben dieses Phänomen zum ersten Mal beobachtet. Meistens ist der Heiligenschein rosa, mit einem Hauch von Blau an der Innenseite. Unter idealen Umständen tritt ein doppelter Heiligenschein auf, bei dem, im Gegensatz zum Doppelregenbogen, wo die Farbreihenfolge des äußeren Bogens dem inneren entgegengesetzt ist, Rot stets an der Außenseite liegt.

Glorienschein, Sankt-Elms-Feuer, elektrische Entladungen, Mondhalo, Erdschatten sieht der, der die Chancen erhöhter Wahrnehmungsmöglichkeiten zu nutzen weiß. Die Krönung jedes nächtlichen Nordatlantikflugs stellt das Nordlicht dar, das schon Seneca lobte: »Manchmal sieht man Flammen am Himmel, die entweder verharren oder voll Bewegung sind ... Diese Feuer zeigen die vielfältigsten Farben: einige von ihnen sind lebhaft rot; andere gleichen einer schwachen, sterbenden Flamme; manche sind weiß, andere flackern; wieder andere sind von gleichmäßigem Gelb und bringen weder Strahlen noch Bilder hervor ... Manchmal sind diese Feuer hoch genug, um inmitten der Sterne zu leuchten; andere stehen so tief, daß man sie für den Widerschein einer in der Ferne brennenden Heimstatt oder Stadt halten könnte.«

Manche spannen sich in einem einzigen gewaltigen Bogen von Neufundland bis zum Michigansee, durchbrochen von senkrechten Strahlenfingern, die wie Scheinwerferkegel vorübergeistern. An den Schnittpunkten bilden sich Lichtkugeln, Nachtsonnen, Farbbälle. Im Nordlicht gibt es keine ruhenden Punkte, alles ist stets in Bewegung, Verwandlung, Auflösung, Neubildung. Die Farbe des Nordlichts, so muß profan erläutert werden, hängt von der Beschaffenheit der atmosphärischen Gase ab: atomarer Sauerstoff leuchtet grün, Stickstoff blau, ein Gemisch aus atomarem und molekularem Sauerstoff rot.

Gegen Morgen, wenn der letzte Flammenbogen des Nordlichts hinter ihm verflakkert, kann der Europa-Reisende manchmal ein relativ seltenes Phänomen beobachten, das der nachtleuchtenden Wolken. Sie treten in gewaltigen Höhen auf, in denen Wolken, meteorologisch gesehen, nicht mehr vorkommen. Vor knapp hundert Jahren wurden sie erstmals in der Dämmerung beobachtet und mit den Staubwolken des Vulkans Rakata in Zusammenhang gebracht, die von der Insel Krakatau aus über die ganze Welt zogen. Im Internationalen Geophysikalischen Jahr bemühten sich insbesondere russische Wissenschaftler um ihre Erforschung, fotografierten sie im Zeitlupentempo und stellten fest, daß sie sich wellenförmig fortbewegen. Angesichts dieser Lichterscheinungen scheint es profan, noch auf einen Sonnenaufgang über dem Atlantik hinzuweisen. Immerhin äußern fast immer einige Passagiere den Wunsch, den Sonnenaufgang voraus im Cockpit erleben zu dürfen. Wer über der Tragfläche sitzt, kann bei schnellem Reiseflug eine interessante Erscheinung beobachten – die der Schockwelle. Bedingung ist, daß die Sonne von rückwärts auf die Fläche scheint. Während das Flugzeug mit einer Geschwindigkeit nahe der Schallgrenze fliegt, wird aus aerodynamischen Gründen, die hier nicht erläutert werden sollen, über der Fläche in bezug auf die vorbeiströmende Luft bereits Schallgeschwindigkeit erreicht. Die dadurch entstehende Schockwelle mit ihren Verwirbelungen ist deutlich wahrnehmbar.

Mehr als irgendeine andere Fortbewegungsart erfordert Fliegen eine innere Aktivität, um den Menschen auszufüllen. Paradox mutet an, daß im Jahrzehnt der Bewußtseinserweiterung durch Drogen niemand auf die Möglichkeiten der Wahrnehmungserweiterung hinweist, die ein simpler Flug bietet. Nichts zu sehen, sagt die Stewardeß, nur Licht, nur Wolken. Möchten Sie Bourbon oder Scotch?

HIMMELSTRAUER

Am Himmelsantlitz wandelt ein Gedanke,
Die düstre Wolke dort, so bang, so schwer;
Wie auf dem Lager sich der Seelenkranke,
Wirft sich der Strauch im Winde hin und her.

Vom Himmel tönt ein schwermutmattes Grollen,
Die dunkle Wimper blinzet manches Mal:
So blinzen Augen, wenn sie weinen wollen,
Und aus der Wimper zuckt ein schwacher Strahl.

Schon schleichen aus dem Moore kühle Schauer
Und leise Nebel über's Heideland,
Der Himmel ließ, nachsinnend seiner Trauer,
Die Sonne langsam fallen aus der Hand.

NIKOLAUS LENAU

Ein Wolken-Logbuch

Frankfurt–Bombay, 33 000 Fuß,
durchschnittliche Rückenwindkomponente 80 Knoten.

Ein Tief über Island hat der englischen Westküste Stürme, dem Norden Deutschlands Regen und Hagel beschert. Über Süddeutschland wärmere, trockene Winde, mit starkem Druckfall in Freiburg, Mannheim, Frankfurt. Beim Start und Steigflug dünner Nimbus, auf dessen Schleier der Flugzeugschatten eine Aura aus Gelb, Grün, Indigo zeigt.

Im Alpenvorland Stau aus Nordwest; die Täler hinter Kempten füllen sich auf wie anschwellende Flüsse. Am Hochgrat klettert Nimbostratus hoch, darin Risse wie gemasertes, austrocknendes Holz. Zwischen den Dolomitengipfeln irren vereinzelte Wolken, rostfarben und verwittert wie überalterte Schiffe.

Klare Sicht über Jugoslawien und Bulgarien, die Karpatenwesthänge rötlich übertüncht vom Abend, der rasch hereinbricht und der Nacht weicht. Gegen Osten prägt sich der Erdschatten in die Atmosphäre: mit gedämpften, ausgewaschenen Regenbogenfarben, die nur schwach die Erdkrümmung nachvollziehen.

Der Balkan ist die meteorologische Hexenküche Europas; hier tummeln sich regelmäßig die dichtesten Regenfronten, die härtesten Hagelböen. Heute strahlt er bis zum nahen Istanbul hinunter Ruhe aus. Dort flackert die Stadt durch ihre Dunstglocke wie aus unterirdischen Feuern, die aufflammen und verlöschen, schwelen und versprühen.

Über dem Marmarameer packt uns der Jetstream in seine Fänge und beginnt zu schieben. Innerhalb von zehn Minuten steigert sich der schwache Westsüdwest von 30 auf 125 Knoten. So gleiten wir mit mehr als 200 km/h Fahrtzuschuß über dünne Zirren hinweg, die im aufgehenden Mond auf dem samtschwarzen Untergrund Anatoliens wie Filigran aus Altsilber gebettet liegen.

Ankara, Eilazig, das östliche Taurusgebirge: die Kämme weiß aufleuchtend im vollen Mondlicht, Schnee bis tief in die Täler hinunter, hinweg über Siedlungen und

Sandstraßen. Hier trägt jeder Gipfel seine Wolkenkappe, jede bildet naturgetreu seine Form nach. Ohne Erdsicht könnte man sich hier an den Wolken orientieren. Nach Norden, zum Schwarzen Meer hin, flachen sie ab und vereinigen sich zu einer diffusen Schicht, die schmutzig-grau und leicht gekräuselt im Dämmer der Mondnacht verebbt.

Über dem Kleinen Euphrat durchstoßen wir die Starkwindzone des Jetstreams: 148 mißt unsere Elektronik als Maximum. Jetzt schlagen die ersten Böen nach uns, spielerisch noch, mit leichten Nasenstübern, ausgelassenen Schubsern in die Seite. Wenn 148 Knoten innerhalb kurzer Zeit auf sanfte 80 zurückfallen, dann muß es in einem Strombett, das derart unterschiedliche Geschwindigkeiten aufweist, zu Verwirbelungen kommen. Darin tanzt jetzt unsere DC 10 wie ein Schoner in leichter Dünung, mehr nicht, dabei bleibt es, verebbt schon wieder ... Frieden kehrt zurück in die Stratosphäre.

Hatte die Wetterwarte nicht gerade für dieses Gebiet schwere Turbulenz vorausgesagt? Aber das Wettergeschehen ist, glücklicherweise, ein organisches, natürliches und läßt sich nicht durch mechanische Instrumente in die Karten schauen.

Und da sind sie wieder einmal: die ewigen Feuer von Kirkuk! Über den ältesten Ölfeldern, den ältesten Erdgasflammen der Welt hängt der dicke Öldunst, der uns erst südöstlich des Persischen Golfs verlassen wird. Durch ihn hindurch flackert der tiefrote Schein der Feuer; später, über Sammarrah, fügt sich, matter zwar, das Feuer der Tigrisziegeleien hinzu.

Über Mesopotamien, dem Zweistromland, wo die Luft nicht mehr wüstentrocken ist, steigen durch die Erwärmung kompakte Quellwolken hoch – Einzelgänger, dünnhäutig wie venezianische Glasarbeiten, purpurn durchflammt von den Erdbränden. Der Mond darüber wirkt inmitten all dieser Rottöne plastisch und knochenbleich.

Der Golf, übersät mit Hunderten von Ölbohrstellen, schickt seine Flammenhitze so hoch, daß die Thermik uns heftiger schaukeln läßt als der Jetstream, der uns mit leichter Nordostkrümmung über Abadan verließ. Mit einem Stratosphärensegler müßte man so den ganzen Golf motorlos überqueren können!

Zum Indischen Ozean hin wird die Turbulenz kräftiger; jetzt tauchen Schleierwolken auf, die mit ihrem rötlichen Widerschein über Bug und Scheiben wischen und den Eindruck vermitteln, wir würden brennen. Zur Küste hin, die sich auf dem Radar in einer Entfernung von hundert Meilen zeigt, verblaßt das Rot, bis endlich nichts um uns ist als milchig-weiße Wolkennacht. Nur die leichten Schwankungen der Instrumente zeigen jetzt die Wolkenströmungen an: Das Variometer pendelt zwischen 50 Fuß Fallen und 80 Fuß Steigen; der Zeiger des Höhenmessers schwankt sanft mit. Die Fahrt bewegt sich zwischen Mach 0,825 und Mach 0,842. Dann ist wieder Mondlicht da, schräg von rückwärts gleitet es über den Küstenstreifen; helle Wüste bricht sich an tiefschwarzem Wasser. Vor uns liegt der Indische Ozean, überzogen mit einem Wolkenraster.

Dies ist die typische Passatbewölkung, die legendäre, von der man in allen Seefahrerbüchern liest. Sie erstreckt sich vom Arabischen Golf bis kurz vor der Küste bei Bombay. Was zunächst wie ein Kreuzraster wirkte, zeigt sich beim Überfliegen längsgestreift. In exakten Bahnen liegen Straße neben Straße die Altocumuli – ausgerichtet nach dem Passatwind, der sie säuberlich aufgereiht hat.

Wir fliegen der Zeit, dem Licht des neuen Morgens entgegen. Schon wölbt sich über der fernen Küste Indiens das erste Weinrot. Wir drosseln die Turbinen, verlassen die Reiseflughöhe, die Masse der Wolken steigt aus der Einförmigkeit und Anonymität. Erst sind es die Bahnen, die Individualität gewinnen – so, wie jede Straße, jedes Gäßchen in einer Stadt seinen eigenen Charakter hat. Da gibt es breite Avenuen wie in Rio de Janeiro mit Mittelstreifen, wo zaghaft und vergeblich winzige Wölkchen hocken wie verkümmerte Sträucher. Es gibt nüchterne Allerweltsstraßen, an denen die einzelnen Wolken wie Sozialbauten stehen; und es gibt Hintergassen, wo sich die Windbahn um jedes Wölkchen schlängeln muß.

In noch geringerer Höhe läßt sich erkennen, wie unterschiedlich das Licht auf den einzelnen Wolkenköpfen spielt. Da gibt es Altocumuli von hellster Farbe: durchscheinendes Perlmutt mit tanzenden Flecken.

Andere, eben noch weiß aus dem Dunkel schimmernd, verfärben sich unter dem Morgen zu modrigem Düster, wie Blätter unter dem Anhauch des Herbstes. Manche scheinen die Patina erloschener Stürme auf dem Rücken zu tragen; manche blühen prall wie Knospen auf. Wieder andere scheinen wie von Insekten zerfressen oder werden selber zu Wolkenmotten, Regenraupen, Lichtkäfern. Zum Schluß wirbeln alle zur Küste hin wie Forellenschwärme. Auch Wolkenhechte, Wolkenhaie tummeln sich, Wolkendelphine überspringen graziös die Küstenwirbel.

Nicht nur die geographische, die maritime Landschaft ändert sich mit der Annäherung an Bombay. Der meteorologische Wechsel schafft neue Formen; unaufhörlich schöpft die atmosphärische Phantasie aus ihrer unendlichen Vielfalt.

Bombay – Singapore, 37000 Fuß,
sehr viel gemischte Bewölkung, keine Turbulenz, ein ruhiger Fünfstunden-Flug.

Während des Steigfluges am frühen Morgen geht es hinweg über die Felsentempel von Ajanta, darüber Wolkenfetzen, die wie die verwaschenen, verblätterten Bilder in den Tempeln 6, 8 oder 9 aussehen: Pastelltöne vor einem Hintergrund aus kräftig vegetativem Dunkelgrün.

Die üppig strotzenden Farben erinnern an den freigebigen Monsun, der sich nicht lumpen ließ und das fahle Ocker der Landschaft in satte Farben der feucht wuchernden Regenwälder, Reisfelder und Vogelsümpfe verwandelte. Dagegen behaupten sich die Wolken mit kräftigen Tönen und Formen.

Selbst eintönig-graue Schleier wirken hier wie aus grobem Schotter gefügt; schon in niedriger Höhe schäumen uns Stratocumuli wie Brandung entgegen. Darüber Goldwolkenströme und verflortes Gewaber. Noch weiter oben läßt die geballte Aktivität nach, die Erde verdämmert unter dem Dunst und Smog der Städte. Rosa Wolkenfetzen flattern wie Reizwäsche im Wind.

Voraus taucht die Ostküste Indiens auf – ein oszillierender Strich, der sich nicht zwischen Dschungelgrün und Delfter Blau entscheiden kann. Über Madras eine Wolkengruppe wie ein Hexenkranz, weiter südlich Wolkenpilze, die in Goldpapier gewickelt scheinen.

Der Golf von Bengalen, von seltener Ruhe und Ausgewogenheit.

Hier ist die Geburtsstätte der Zyklone, die in der Monsunzeit die Küste Bengalens heimsuchen, über das Ganges- und Brahmaputradelta, über Cox Basar und Bangladesch hinwegwirbeln, mit Sturmfluten die Küsten heimsuchen. Das Massiv des nahen Himalaya wirkt als Anziehungskraft so gewaltig, daß das Wasser im Golf zehn Zentimeter höher steht als in den übrigen Weltmeeren.

An der Färbung lassen sich gut die einzelnen, schroff wechselnden Tiefen ausmachen. Nach dem Verlassen der Küste leuchtendes Marmorgrün, dann, wellenförmig schwingend, Flaschengrün, später tiefstes Blaugrün: hier beträgt die Wassertiefe mehr als zwei Kilometer.

Die Wolkenschichten darüber wiederholen die Höhenunterschiede. Und wo sie sich übereinander, ineinander schieben, prägen sich die unterschiedlichsten Formen ab:

Barockwolken, Rokokowolken und Wolken von gotischer Strenge.

Wolkenbeeren, die sich abtrennen und im Zeitlupentempo abwärts sinken.

Wolken wie Würgeengel, Totenköpfe, Flugfische, Tropfsteine.

Wolkenrudel und Wolkenritter, die aussehen, als wären sie von eisernen Panzern umhüllt; andere dagegen erscheinen samtweich, porös oder buntgefiedert wie Indianerhäuptlinge.

Es gibt auch preußische Wolken, aufrecht und korrekt wie Beamte. Vagabunden und Gammler, die sich fleckig, speckig und langhaarig treiben lassen, wohin der Wind will. Herrenwolken, die über das Fußvolk herrschen. Gipfelstürmer und Mauerblümchen, Manager und kleine Angestellte, die hinter den Großen herrennen.

Vor der Küste Sumatras liegen die Wolken vor Anker wie Panzerschiffe – stahlgrau mit drohenden Aufbauten, Auswüchsen.

Über dem nördlichen Dschungel regnen sich Tintenwolken ab.

Ein Licht fliegt über die Kuppen, erlischt; Finsternis brodelt im Innern einer zarthäutigen Schöngeformten auf.

Jetzt wälzt sich Rauch durch die Tropopause, hängt sich um uns, versetzt das Flugzeug in leichte Schwingungen. Zirrusfetzen wie wirbelndes Laub im Sturm.

Über der Straße von Malaysia haben die Ausläufer des Monsuns Schicht um Schicht aufgetürmt: unter den stratosphärischen Zirren zerfledderte Ambosse von alten Gewittern, die sich nachts ausgetobt haben, dazwischen tummeln sich Stratocumuli und Altocumuli, ganz unten wellt sich dicker Regennimbus über das Bergland der Küste.

Beim Abstieg auf Singapore gleiten wir durch Regenvorhänge, die elektrostatisch aufgeladen sind. Violette Bläue an den Windschutzscheiben; Sankt-Elmsfeuer perlt in glühenden Kugeln an den Scheibenwischern hinunter. Dichte Wassermassen, durch die wir wie ein U-Boot pflügen. Schatten wie Tiefsee-Flora-Tanggewächse, Leuchtalgen, Seesterne.

Plötzlich wieder klare Sicht; wir bewegen uns durch Alleen, die von imposanten Wolkenstatuen gesäumt sind. Da hocken Chimären und Drachen, versteinerte Elefanten und verwitterte Sphinxen. Eine Triumphstraße zwischen ägyptischen Felsentempeln: markiert durch Apis-Stiere.

Aber sie führen uns nicht zum Allerheiligsten. Eine Kursanweisung von Singapore-Radar zwingt uns zu einer Siebzig-Grad-Kurve. Wir verlassen den Tempelbereich und holpern, sehr tief und langsam jetzt schon, durch tiefhängende Regenwolken. Der erhöhte Auftrieb durch die ausgefahrenen Landeklappen läßt selbst einhundertundachtzig Tonnen empfänglich für jede Bodenböe werden. Und während wir uns zum Anflug auf die Bahn 03 aufreihen, spürt das Flugzeug durch die vertikalen Luftströmungen jeden Berg, jede Senke, jede Hochhauskette.

Singapore–Tokio,
Nachtgewitter über Borneo und den Philippinen,
schwere Turbulenz südlich des Fudschijama.

Nachtstart auf einem tropischen Flughafen: die Startbahn umstellt von den feindlichen Heeren der Gewitter. Belagerungszustand. Durchbruchversuch. Erfolgsmeldung: der freie Himmel ist gewonnen!
Zweihundertundzwanzig Tonnen an Panzern – damit könnte man den festesten Ring durchbrechen. Zweihundertundzwanzig Tonnen an Flugzeugmasse – das ist ein zerbrechliches Nichts gegenüber der geballten Wut nächtlicher Tropengewitter. Nur die Tricks des listenreichen Odysseus helfen.
Und so beugen wir uns während des schlängelnden Steigfluges mehr über das Wetterradar als über die Instrumente: Zwanzig Meilen voraus ein besonders dicker Brocken, gehen wir rechts oder links vorbei? Rechts scheint alles frei zu sein, zunächst. Aber als wir die Reichweiteneinstellung wechseln und auf dem 100-Meilen-Radar nachsehen, entdecken wir die Falle: nach weiteren zwanzig Meilen würde uns der Rechtskurs mitten in den aggressivsten Dreck bringen, aus dem es ebensowenig ein Entrinnen gibt, als flöge man, umstanden von Sechstausendern, mit einem leichten Sportflugzeug durch eine Talschlucht, an deren Ende ein Achttausender den Weg versperrt.
Also nach links; dort liegt ein weiteres Kommando nicht unansehnlicher Brocken in Alarmbereitschaft. Aber es lassen sich Lücken ausmachen, hoffnungsvolle Durchblicke. Wir kurven nach links, entgehen der ersten Quellwolke, entdecken die zweite voraus, kurven jäh nach rechts, bleiben frei, das Radar zeigt die nächste, wir kurven wieder nach links, nicht genug, noch weiter, jetzt geraten wir in Turbulenz, obwohl das Radar freie Bahn zeigt. Sankt-Elmsfeuer leckt gierig an den Scheiben, blendet, wir drehen die Instrumentenbeleuchtung auf, kurven noch immer, ein Blitzschlag tickt trocken gegen den Bug, leichter Ozongeruch, wir erwarten harte Böen, aber die Maschine liegt ruhig wie ein Brett.

Auf dem Radar: Hell aufleuchtende Echos auf grün fluoreszierendem Untergrund. Konzentrische Ringe, die Entfernungen anzeigen, vom Flugzeugradarbug aus gemessen. Die hellen Echos sind Wolkenbänke, Wolkenfronten. In ihnen liegen dunkle Kerne eingebettet; sie deuten die dichteste Konzentration von Hagel und Turbulenz an. Wer da hindurch fliegen würde, hätte keine Zeit mehr, Dante zu zitieren: »Laßt, die ihr eingeht, alle Hoffnung fahren.«

Nicht alle Radargeräte sind so empfindlich und so exakt justiert, daß sie Eindeutiges eindeutig zeigen – hier kommt den alten Kapitänen ihre Erfahrung auf der Super-Constellation zugute. Sie flog ohne Radar. So lassen sich die ärgsten Gewitterzentren mehr ahnen als wissenschaftlich einwandfrei registrieren; und wo das Radar versagt, starrt man angespannt hinaus in die Nacht, ob sich nicht irgendwo in den Grautönen ein lichteres Grau zeigt, eine Andeutung von Mond.

Die Jungen freilich, ganz auf die Technik konzentriert, hätten sich vor dem Start nicht einmal Gedanken darüber gemacht, ob Neu- oder Vollmond war, geschweige denn, wann er auf der Luftstraße Grün 80 aufgehen würde. Jetzt geht er auf; wir kurven ein auf das Halo in Regenbogenfarben, das sich schwach wie auf Perlmutt abprägt. Wir lassen die Front hinter, unter uns. Das letzte Blitzezucken verebbt; der freie Himmel hat uns wieder!

Zwischen Hongkong und Manila, Vietnam und Okinawa stehen sie gern: die Taifune des Südchinesischen Meeres und der Südsee. Im Morgengrauen scheint sich eines der Monster nordöstlich von uns zu formieren, reiht sich spiralig auf, beginnt mit kleinen harmlosen Altocumulus-Kindern am äußersten Ende. Weiter zum Zentrum hin wird alles üppiger und kräftiger, gewinnt Form, Farbe und Dichte. Dieser Taifun wird uns nicht stören; wenn er sich auf die Reise begibt, wird er auf die Koralleninsel North Reef zusteuern. Dort können sie tagelang unentschlossen verharren, diese Ungeheuer mit den verführerischen Mädchennamen. Niemand weiß, ob sie plötzlich auf die Küste Südvietnams zurasen oder Hongkong heimsuchen oder sich einfach auflösen werden.

Wir lassen Hongkong und den Taifun Cynthia links liegen. Kämen wir gleichzeitig in Hongkong an, würde es in den Buchten von Victoria, Hongkong-Island und Aberdeen Taifunwarnungen geben. Die Schiffe müßten nach festgelegtem Plan Schutz suchen. Die einzige Landebahn Hongkongs hätte starken Querwind; da wäre die Automatik keine Hilfe, man würde lieber das Steuer selber in die Hand nehmen.

Hier aber, über dem Südpazifik, blinken marmorgrün die Riffs und Atolle der Archipele herauf. Über den meisten steht eine einzige, sozusagen private Hauswolke, denen man Namen geben könnte: Das Schiff Esperanza. Die Wolke Nimmertreu. Der Eiserne Kanzler. Das Mädchen Hortense. Der Sonnenkönig. Aber auch: Speckbauch. Gartenzwerg. Rübezahl. Spätlese. Und auch: Ehrenmal. Gralsschale. Seraphina.

Vor der japanischen Insel Kyushu sind Wolkenkrümel ausgestreut; über dem Küstenvulkan segeln Wolkenschwäne mit riesigen, lichtdurchlässigen Schwingen. Der Vulkan stößt violette Quellwolken aus Rauch und Asche aus, hinter denen die aufgehende Sonne zersplittert.

Letzte Stunde vor der Landung … das Wetter »Cavok« (Ceiling and Visibility o.k.); die Sicht endlos. Über uns Zirren der unterschiedlichsten Formen – gefiedert und gerastert, zerfasert und zersägt. Perlenmäntel und Kettenröcke. Wolkenkrallen, Käferfühler. Glaskleider und Pferdemähnen. Tatzen, die ihren Stempel auf die klare Luft drücken. Schuppen und Hörner.

Vom Fudschijama weht eine lange, dünne Fahne zu uns herüber. Schon schlagen die Böen nach uns, lassen unser Flugzeug durch die Atmosphäre springen wie ein junges, ausgelassenes Fohlen. Fern am Heiligen Berg Japans bricht sich der Sturm, peitscht und strudelt hinauf in die Stratosphäre und jagt auf der Leeseite, Hals über Kopf und mit Purzelbäumen weiter nach Südost, wo wir fliegen. Die schwere Verwirbelung erzeugt Wolkenfahnen und Turbulenz.

Wir taumeln wie Küstenfahrer in schwerer Brandung. Wir steigen und fallen, rollen

und gieren; der Kaffee schwappt aus dem Plastikbecher. Über dem Fudschijama
zerbrach einst eine vierstrahlige britische Boeing, die einen Sightseeing-Abstecher
um den Vulkangipfel fliegen wollte.
Sinkflug, um der Höhenturbulenz zu entrinnen und den Anflug auf Narita zu be-
ginnen: unter 24 000 Fuß beruhigt sich die Luft, trübt sich ein mit dem Smog der In-
dustriestädte. Erde und Himmel verfilzen im gleichen graugrünen Brei, kein
Durchblick mehr, keine Klarheit.

Tokio–Frankfurt,
im stärksten Jetstream der Erde nach Anchorage und über den Pol nach Deutschland.

Der Himmel überzogen mit einem Honigwabenmuster … Die Nordpazifikroute
zwischen Tokio und Alaska führt südlich an Kamtschatka und den Kurilen, nörd-
lich an den Aleuten vorbei. Hier liegt die Rennstrecke der Jetstreams, deren
schmale Bänder sich von West nach Ost um die Erde winden. Stark und turbulent
sind sie überall. Sie jagen über den Nordatlantik und südlich an Grönland vorbei,
biegen an der englischen Küste hart nach Norden ab, umrunden Schottland und
stoßen über Holland und Schleswig-Holstein nach Deutschland vor. Die Alpen
drängen den nördlichen Ast nach Osten ab, der südliche ist mittlerweile von Süd-
frankreich über Nordafrika in den Orient vorgedrungen, wo er über Teheran und die
Große Salzwüste nach Indien und zum Golf von Bengalen vordringt, während der
nördliche über Sibirien und China nach Japan jagt. Hier, über dem Nordpazifik, er-
reicht er seine größte Dichte und Gewalt: südlich der Halbinsel Kamtschatka mißt
unser Navigationsrechner 202 Knoten – mehr als 370 km/h.
Im Nachmittagslicht bernsteinfarbene Wolken, darin weißrauchende Stratusflüsse.
Wolkenäcker, vom Jetstream zu stoppeligen Ebenen abgemäht. Unkrautgewölk
dazwischen. Farben wie vergilbtes Papier.
Wo einst Wolkenwälder waren, ragen jetzt Wolkenstümpfe auf, die der Jetstream
abgeholzt hat.

Nach Sonnenuntergang alles milchig-blau. Der Wechsel vom warmen Honiggelb läßt auch die Bilder wechseln. Der Wabenhimmel über uns zieht sich zu wie ein Netz. Solange wir mitten im ruhig-gleichförmig dahinjagenden Jetstream sind, können wir ein Markstück auf der Kante stehen lassen. Geraten wir in die Randwirbel, wird wieder der Teufel los sein.

Zaghafter Altostratus, wie Fischköpfe aus Dunstfluten schnappend.

Würgewolken, dort wo sich der Höhensturm verhaspelt hat. Wolken-Fledermäuse, die ziellos durch Schichten von Düsternis flattern.

Wolkenreste, Wolkenhäute, am Rand der Luftstraße beiseitegeschoben, sehen sie aus wie verbleichte Schlangenhaut.

Dazwischen: trübsinnig-graue Vogelscheuchen. Nachtgewächs im schütteren Mondlicht.

Dann tobt der Jetstream los, verabschiedet sich; dagegen war die Turbulenz am Fudschijama tiefste Ruhe. In der Galley kracht ein Container zu Boden, zersplitternde Gläser klirren.

Vier Grade von Turbulenz sind festgelegt worden: leicht (light), mäßig (moderate), schwer (severe), extrem schwer (extreme severe). Schon mäßige Turbulenz kann beängstigend wirken – der Copilot konzentriert sich bewußt auf seine Papiere, der Bordingenieur zündet sich scheinbar lässig eine Zigarre an, der Kapitän ist nicht mehr zu sprechen, sitzt auf dem Sprung. Besatzungsmitglieder neigen dazu, leichte Turbulenz für mäßige, mäßige für schwere zu halten. Sie schließlich sind die Betroffenen und nicht jene, die hinterher bei einer guten Tasse Kaffee und nach Stunden immensen Nachdenkens auf der festen, sicheren Erde zu dem Ergebnis kommen, die als »schwer« im Logbuch eingetragene Turbulenz sei nur »mäßig« gewesen.

Turbulenz also höchstens *moderate*: Drei Passagiere sind in Panik geraten, wollen aussteigen, mitten über den kalten Fluten bei der Insel Saint Pauli. Service nicht mehr möglich; auch der Film ist gerissen. Aber der stundenlange Rückenwind hat dem Flugzeug eine Geschwindigkeit über Grund von mehr als 1250 km/h verliehen: man wird eine Stunde zu früh in Anchorage ankommen.

Vor der Cockpitscheibe: bleiches Wolkengewölle.

Nachrichten von Anchorage: aufliegender Nebel, Sicht unter zweihundert Meter. Da gewinnt der Ausweichhafen an Interesse: Cold Bay auf den Aleuten.

Fortsetzung des Fluges nach Anchorage mit anderen Mitteln: Wir reduzieren von Mach 0,84 auf Mach 0,79, um Treibstoff zu sparen. Wetterbesserung in Aussicht? Nosig, sagt Anchorage (No significant change). Keine wesentliche Änderung. Ins Deutsch eines erfahrenen Piloten übersetzt: Gute Aussicht, daß sich das Wetter grundsätzlich ändert.

Nebelfelder schon über der Küste, südlich des Yukon-Deltas. Manche glatt poliert, andere büschlig, flockig, schäumend über dem Küstengebirge.

Beim Überflug von Anchorage: Sicht noch immer unter hundert Meter; aber aus zweitausend Meter Höhe liegt die Landebahn 06 klar in voller Länge unter dem Bug. Weshalb wir trotzdem nicht landen?

Die dünnen Nebelschichten täuschen senkrecht von oben klare Sicht vor und lassen leicht vergessen, daß der Anflug nicht von oben, sondern schräg aus der Horizontalen stattfindet: auf der Bahn 06 gegen die Morgensonne, die alles in eine diffuse, undurchdringliche Waschküche hüllt.

Warteschleifen über Cooks Bay; hier lagen die Schiffe der Forscher, Abenteurer, Welteroberer. Nach fünfundvierzig Minuten hat die Sicht das vorgeschriebene Minimum erreicht: Horizontal siebenhundert Meter, vertikal siebzig Meter.

Wir landen; auf den Flughafengebäuden liegt Rauhreif.

Der Gipfel des höchsten Berges von Nordamerika: Eine schmale Stratusschicht säbelt den Mount McKinley in zwei Hälften; das Dreieck des schneebedeckten Gipfels ragt blendend weiß aus dem Fischgrau.

Der McKinley ist, wie Fudschijama und Kilimandscharo, ein Einzelgänger. Derartig prall aufragende Hindernisse sollte jeder Jetpilot meiden – auch am Mount McKinley kamen Passagiere bei Sightseeing-Flügen unerfahrener Piloten zu Schaden.

Klare Sicht über der Brooks Range; bei Barter Island beginnt das Polareis.

Die Wolken ahmen die Risse, Sprünge und Klüfte nach. Über der Beaufort-See verschmilzt alles zu brüchigem Altsilber: Eis, Festland, Stratushimmel.

Südlich am geographischen Nordpol, nördlich an Thule vorbei: Gelegentlich Gletscher, die sich unnatürlich grün geben. Darüber ahmen Wolkenwellen das Bergland nach – Schlieren, die das künstliche Grün in sich aufgesogen und zu perlmuttenem Graugrün herabgedämpft haben.

Vor der Fjordküste Norwegens ein Katarakt aus blauen Wolkenleibern.

Wettermeldungen aus Europa: Nordwest von Island herunter, der über dem schottischen Hochland Kaltfrontgewitter auftürmt und die Isle of Man ersäuft in düster-dampfenden Schauern. Das berührt uns nicht, das läßt uns kalt. Weiter östlich – das betrifft uns – Hochnebel mit aufklarenden Winden und Sichten darunter. Hamburg bedeckt, aber trocken, Hannover schon im Bereich wärmerer Strömungen mit aufgelockerter Bewölkung. Frankfurt »recent rain« – Kaltfrontdurchzug mit vorhergegangenem Regen. Beste Sichten.

Über Helgoland eine schneeweiße, reine Wolke – schön wie Magelone.

Über Hamburg-Fuhlsbüttel: spiraliger Stratus, tiefe Scharten darin, als sei der Wettergott mit dem Pflug hindurchgegangen.

Kassel: aufdampfender Hochnebel.

Fulda: Türme und Schornsteine aus dem Dunst ragend.

Der Turm des Feldbergs hebt sich klar konturiert aus den wild umherschweifenden Bodennebeln am Taunushang. Klappen aus, Fahrwerk aus, ein letzter Stratusschleier ... zwölf Räder radieren über den Beton der Landebahn 25 R von Rhein-Main und stoßen sanfte Rauchwölkchen wie Freudenfeuer aus.

Hoch darüber wölbt sich makelloses Blau.

Brodelnde Luftmassen

Kaum sind wir auf der Bahn in Mexiko-City gestartet, heben sich die Gipfel der Sierra Madre aus dem Dunst des Hochlands, schlängeln sich Serpentinen und Paßstraßen zur Küste hin, unterstreicht der Meereshorizont die Himmelsschrift der Morgenwolken. Der Golf ist eine der interessantesten Stätten unseres Planeten: hier werden Stürme geboren. Ist der Wind der Atem der Erde, so stellt der totenschädelförmige Golf von Mexiko mit seinem Ausgang zu den Antillen hin die Nüstern dar, durch die eine aufgeregte Erde erregt und zornig schnauft. Von den mexikanischen Gewässern sprechen, ohne seine Hurrikane zu erwähnen, hieße Tequila ohne Salz servieren.

Während man auf der Erde wehrlos und mangelhaft geschützt die entfesselten Gewalten eines Hurrikans über sich hereinbrechen lassen muß, kann der Pilot ihnen mit Schallgeschwindigkeit ausweichen. Ein Hurrikan arbeitet weniger konzentriert und intensiv; er kann sich Zeit lassen. Bei ihm macht es die Masse, die Ausdauer und die brutale Gewalt. Wie aus der Battanskala ersichtlich, kann er es mit jeder herkömmlichen Atombombe aufnehmen: 500 Trillionen PS rasen über die geplagte Erde; die Spitzen der Hurrikane könnten sämtliche Kraftwerke in allen Ländern mehrere Jahre lang ausreichend mit Energie versorgen.

Von der sicheren Stratosphäre aus erscheint das Sturmgebiet unter einem schwarzen Vorhang von Cumulonimbuswolken als konzentrisch angeordnete Quellwolken-Bergkette. Das Auge des Sturms ist nur erlebbar für meteorologische Testpiloten, die mit Spezialmaschinen tief in ihn hineinfliegen. Paradiesischer Frieden herrscht im Innern der Hurrikane. In ihrer Jugend haben sie Augen von etwa fünf Kilometer Durchmesser; ausgewachsen erweitern sie sich auf fünfundzwanzig bis dreißig Kilometer. Schwärme von Seevögeln kreisen darin; die Temperatur ist hier bis zu 17 Grad Celsius höher als in den Randgebieten. Für das Flugzeug ist das Auge des Hurrikans ein angenehmerer Aufenthalt als für die Schiffe, die von haushohen Wellen willkürlich durcheinandergewirbelt werden. Überhaupt begleitet den Hurrikan eine unangenehme maritime Erscheinung, die oft mehr Zerstörung anrichtet als der Sturm selber: die Flutwelle. Wenn er auf die Küste trifft, sind Windgeschwindigkeiten von 200 km pro Stunde keine Seltenheit. Flutwellen von mehr als fünf Meter Höhe zerschlagen alles, was sich ihnen in den Weg stellt. Der berüchtigte Hurrikan von Galveston kostete an einem einzigen Tag mehr als sechstausend Menschen das Leben. Diese Verbindung mit dem Wasser ist jedoch nicht die einzige tödliche Bedrohung. Darüber hinaus bedient der Hurrikan sich einer raffinierten List. Plötzlich ebben die verheerenden Luftwirbel ab, im Auge des Hurrikans herrscht Windstille. Die Menschen kommen aus ihrem Unterschlupf hervor, um die Verwüstungen in Augenschein zu nehmen, notwendige Reparaturen auszuführen und Trümmer zu beseitigen. Junge Leute machen sich überdies ein Vergnügen daraus, in der starken Brandung zu schwimmen. Unversehens aber bricht der Orkan wieder los, nun jedoch aus der anderen Richtung und hinterläßt nicht weniger Verwüstungen. Auf diese Art von der trügerischen Windstille irregeführt, verloren schon Tausende von Menschen in der zweiten Phase eines Hurrikans ihr Leben. Dem Piloten hingegen, der hoch über der Geburtsstätte der wilden Winde, zwischen Tampico und Florida dahingleitet, bietet sich ein Schauspiel von furchterregender Größe und elementarer Gewalt: brodelnde Luftmassen, die wie Krieger umeinanderwirbeln, sich gegenseitig zu verdrängen und einzuschließen suchen. Leichenweiße Wolken neben pechschwarzen, die sich verdichten, verfärben, auflösen, verknäueln. Plötzlich ein gewaltiger Wirbel, der die Luft wie einen Brei zu rühren beginnt. Wolken werden an den Rand geschleudert und schließen sich zu einem Ring zusammen. Der rotierende Ring verdichtet sich zum Schlauch, der Schlauch wächst zum Trichter herab, der sich schmutzig-grau, düster drohend auf die Erde hinabtastet, wie der Rüssel eines kosmischen Ungeheuers. Jetzt wirbelt Staub, Laub, Unrat auf, als rase ein unsichtbarer Staubsauger über die Erde, bäumt sich unter dem Rüssel auf und wächst ebenfalls als Schlauch dem oberen entgegen. Der Sturm ist geboren.

AN DIE WOLKE

Wohin trägt dich der Wind, wohin,
du leichte, stolze, freie,
du ruhelose Wanderin
unter des Himmels Bläue?

Du heimatloses Kind der Welt,
Spielzeug von Wetterwogen,
das bunten Schimmer nur erhält,
geborgt vom Regenbogen.

Reißt Sturm dich los vom Himmelsrand,
verrinnst du nur als Regen
im unfruchtbaren Steppensand,
ruhmlos und ohne Segen...

Flieg, fliege weiter mit dem Wind!
Gleich dir zugrunde gehen
werd ich als heimatloses Kind,
doch Freiheit nicht mehr sehen!

ALEXANDER BESTUSHEW(-MARLINSKI)

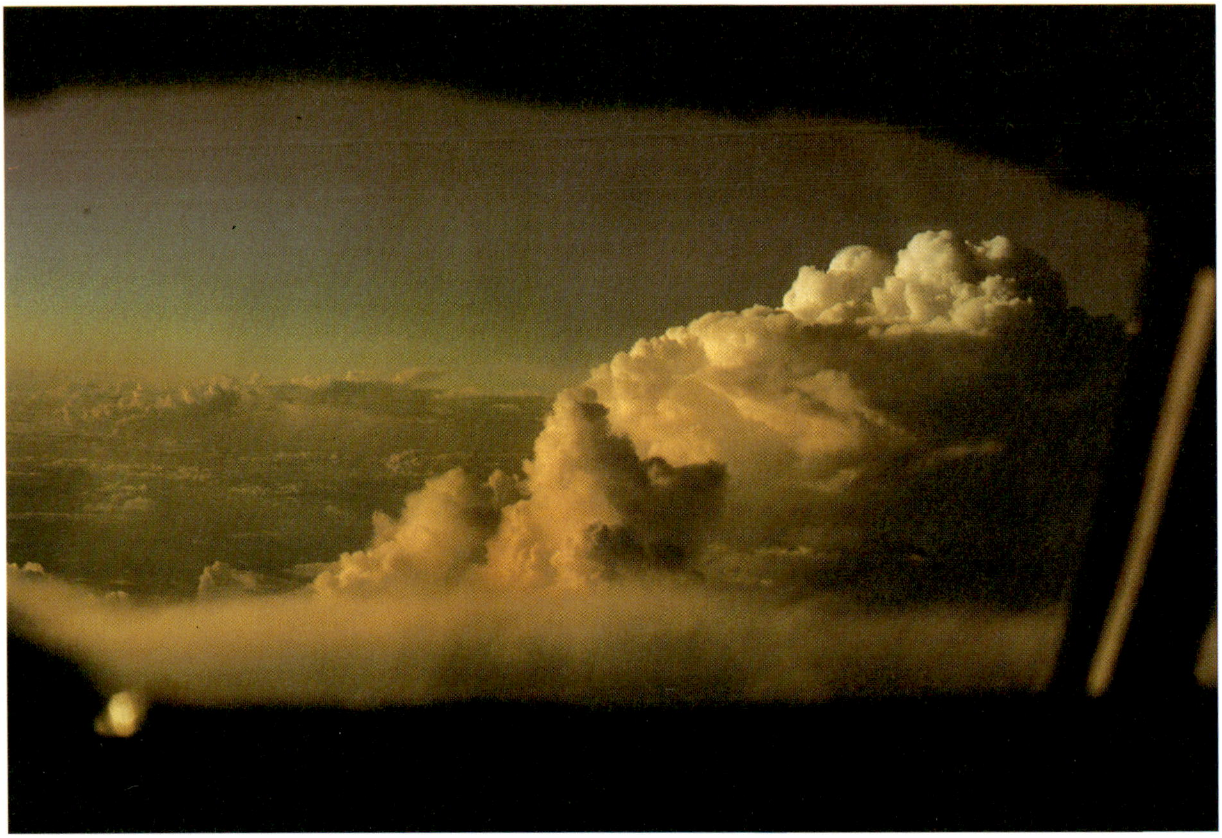

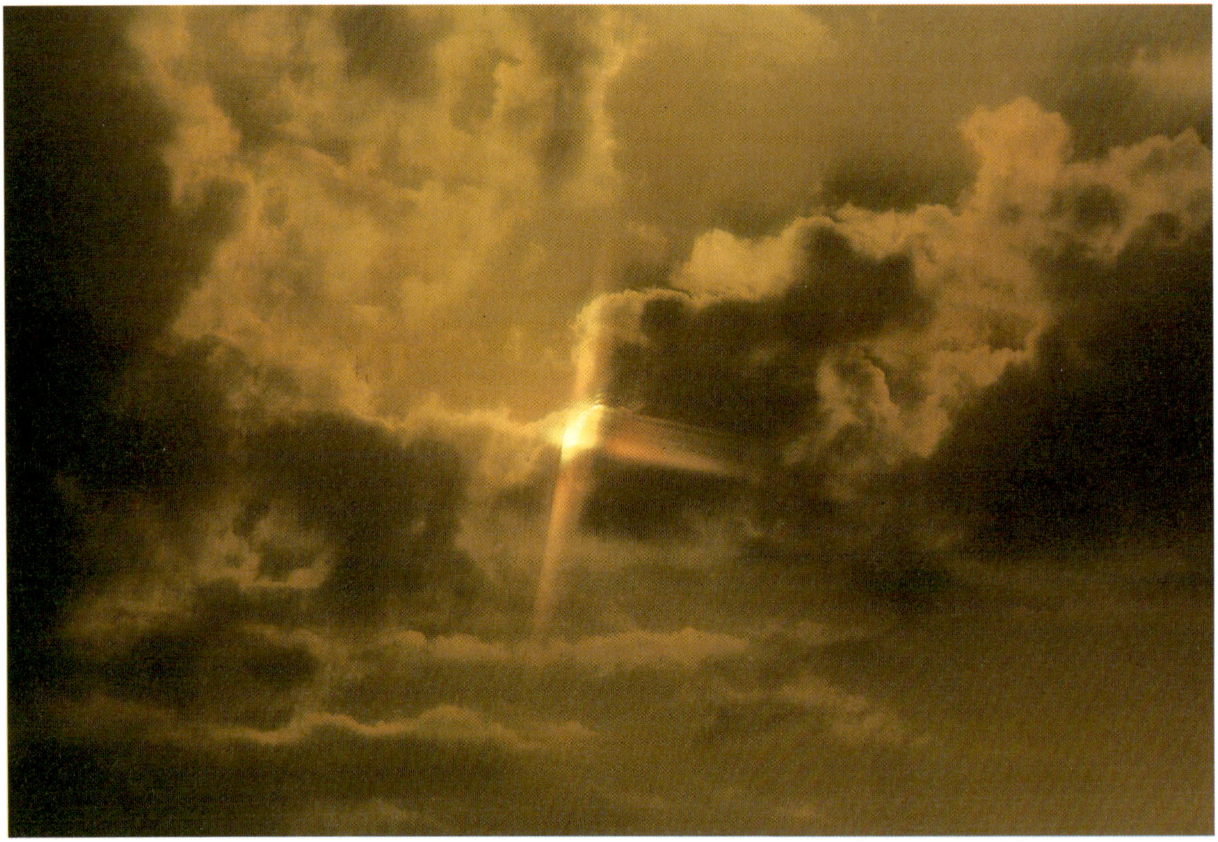

Wie auf Seide gedruckt

Ankunft über Istanbul: Eine äußerst feine Wolkenschicht hat sich über die Stadt gezogen, als habe man eine Scheibe behaucht; so liegt sie da, matter in den Farben, aber in allen Einzelheiten – eine Panorama-Landkarte, auf Seide gedruckt. Ihre Moscheen, das von Brücken durchschnittene Geflecht des Goldenen Horns, die gelben Boote auf dem Marmara-Meer: alles unwirklich wie ein Traumbild, unkörperlich und unerreichbar. Wenn das Flugzeug in den Dunst taucht, breitet sich plötzlich das wirkliche Bild der Stadt aus. Es ist, als erkenne man im Theater aus der Nähe die grelle Schminke und die Pappmaché-Kulisse des eben noch verzaubernden Spiels.

Überflug der Wüste Lut: Eine körperlose abstrakte Welt von Flächen, die sich infolge der gebrochenen, blendenden Lichtstrahlen auf verschiedenen Ebenen übereinanderschieben, sich krümmen und auseinanderbiegen. Linien, die irgendwo beginnen und ins Nichts fallen, sich neu fortsetzen und, von Punkten, Kuben, Lemniskaten abgelöst, überspannt, durchflochten werden. Die Spuren und Zeichen der Wüste sind mannigfaltig, aber sie erwecken beim Menschen keine Assoziation mit den Urhebern. Sie bleiben beziehungslos – Runen der Ewigkeit.

Die Küste Zyperns aus 20000 Fuß: Die Luft ist von makelloser Klarheit wie gutes venezianisches Glas. In den Wärmewellen der Turbinen wird die Farbskala der Insel zu Grau zerfleddert. Vor der schwarzen Wölbung des Radarbugs aber reiht sich Farbfeld an Farbfeld, das schattengestreifte Grün des Gebirges, die hellen Quadrate Nikosias, sonnenblumengelb und strohbraun, der Smaragdstreifen der Küstengewässer, das Zementgrau eines Minarettpaars, umflammt von Orangenrot.

Städte in der Dämmerung: Wenn ihre Lichter entzündet werden, liegen sie da wie juwelenbehängte Fabeltiere. Das bleiche Gliedergewirr der Startbahnen erinnert an erstarrte Polypen, die sich in der Schatzkammer eines versunkenen Schiffes verfangen haben. Wie Ketten aus dunklen Aquamarinen schlingen sich die Lampen der Ausfallstraßen um Plätze und Parks.

Schieben sich vereinzelte Wolken zwischen Erde und Flugzeug, so löschen sie das Bild wie mit einem Schwamm, um den Ausblick auf die benachbarte Stadt freizugeben, deren erleuchtetes Straßengefüge sich wie ein elektrisch glühendes Spinnennetz über die Finsternis der Landschaft spannt. Die dunklen Flecken der Parks hocken darin wie auf Beute lauernde Tiere. Wie Mückenschwärme gehen die Scheinwerfer der herangleitenden Autos ins Netz.

Steigflug vom Rio de la Plata andenwärts: Schillernd, wie mit blauer Glasur überzogen, versinkt die Fläche des Wassers, versinken die weißen Kuben von Montevideo und Buenos Aires, versinken die letzten Spuren der Zivilisation. Die ersten Hügel des Andenvorlandes tauchen auf, blendend quellen die ersten Haufenwolken über den Horizont, in der Ferne türmen sich schwarze Konturen, granitene Zäune der Undurchdringlichkeit am Ende der Welt.

Durch die moosgraue Ebene der Pampa verlaufen Spuren sandgelber Flecken, als habe ein Maler Farbe verspritzt oder als sei die Erde von einem gewaltigen Meteor gestreift worden. Die Berge wachsen und wachsen, weit über das für Menschen vorstellbare Maß hinaus; sie reihen sich aneinander wie das Gebiß eines Dinosauriers, wie das Waffengehänge einer in Reih und Glied angetretenen Armee, wie Zeltlager, die dem Wind trotzen. Scheinen die Gipfel der sich auftürmenden Bergreihe erreicht, so stapeln sich unerreichbar neue Flanken und Ketten – Gardinen aus wolkenumjagtem Stein. Der Steigflug ist wie ein Wettlauf mit dem aufschießenden Höckerdamm der Sattel und Kämme. Gelegentlich scheint den zerfledderten, windzerfrästen Kuppen die Umzingelung gelungen: Wie in ausweglosen Klüften schwimmt das Flugzeug im Glast des Nachmittags; nacktes Gezack, felsiges Gehörn huscht über den Flächen, totes Gespalt unter dem Rumpf vorbei. Der Pilot kennt hier jede Furche, jeden Trauf, jede Bergsohle. Über ihm, zwischen ihm schäumt das schwammige Gewölk des Pazifikwindes empor, zerfasern sich die Nebelvliese und Riffkränze der aufgerührten Luft. Und er kennt auch sie, kennt die Gezeiten der Strömungen und Gegendriften, ihre Wirbel, Soge und Brandungen, kennt sie besser als die Straßen der heimatlichen Großstadt.

Oder Start und Steigflug im Nieselregen: In farbloser Dunstmasse scheint das Flugzeug regungslos wie eine Fliege im Brei zu kleben; die Instrumente stimmen, die Geschwindigkeit stimmt, das Variometer zeigt Steigen an, aber das Gefühl der Vorwärtsbewegung, der Bezugspunkt zur Erde fehlt.

Und dann der großartige Augenblick, wo sich das Grau aufzuhellen beginnt. Plötzlich bricht das überwältigende Blau des Himmels durch, der sich in unvergleichlicher Weite wölbt; der Bug der Maschine hebt sich federleicht aus der flockig quellenden Wolkendecke und steigt, wie aus unterirdischen Gefilden kommend, in die azurne Endlosigkeit. Ein Reich der Unberührtheit breitet sich aus, als sei es eben erst erschaffen und zum ersten Mal von Menschenaugen erblickt worden. Licht fällt blendend in die Augen, Licht, das auf der Wolkendecke spielt und bis zum Horizont seinen kristallfunkelnden Glanz über sie gießt.

Wolken, wälderwärts gegangen,
Wolken, fliegend übers Haus,
Könnt ich an euch fest mich hangen,
Mit euch fliegen weit hinaus!

Tag'lang durch die Wälder schweif ich,
Voll Gedanken sitz ich still,
In die Saiten flüchtig greif ich,
Wieder dann auf einmal still.

Schöne, rührende Geschichten
Fallen ein mir, wo ich steh,
Lustig muß ich schreiben, dichten,
Ist mir selber gleich so weh.

Manches Lied, das ich geschrieben
Wohl vor manchem langen Jahr,
Da die Welt vom treuen Lieben
Schön mir überglänzet war.

JOSEPH VON EICHENDORFF

Wolken über den Weltmeeren

In Peru, dicht hinter dem Pazifik, gibt es einen Süßwassersee, den es nach Schulmeisterweisheit eigentlich nicht geben kann, denn dort tummeln sich Haie. In diesem einst aus ungeklärten geologischen Gründen vom offenen Meer abgeschnittenen See gefangen, metamorphosierten sie sich im Laufe der Zeit von Salz- in Süßwassergeschöpfe.

Ähnlich und ebenso unbeachtet, vollzog sich die Verwandlung des Menschen zum homo volens – ein Element, ihm von Natur aus fremd und feindlich, wurde ihm vertraut.

Meter um Meter mühsam höher, schneller vorstoßend lernten wir, vertraut zu werden mit den Eigenarten des luftigen Elements, lernten Luftströmungen wie Vorstadtstraßen kennen und Luftwirbel wie Piazzas. Doch selbst als wir Flugmillionäre, -milliardäre geworden waren, blieb die Atmosphäre voller Überraschungen. Daß der Golf von Mexiko uns grundsätzlich bei jeder Wetterlage Turbulenz bescherte, mochte wenigstens für einen Meteorologen aus den Temperaturgegensätzen, den Geburtsbedingungen für Hurrikans, zu erklären sein; daß uns der Golf von Guinea grundsätzlich an den Rand der Verzweiflung und der Turbulenzfestigkeit führte, war uns nicht geheuer, da unerklärbar.

Was sich uns in den Böen über dem Golf von Guinea, von Mexiko, von Bengalen manifestierte, was sich uns als Wolkenfront über den Anden, dem Himalaya, dem Schwarzwald offenbarte, war nichts als Abglanz der Erde. Die Böenschläge über westafrikanischen Gewässern skandierten ihre Botschaft – wir brauchten sie nur zu entziffern.

Aber wir sonderten falsche Entschlüsselungscodes aus: Windstille herrschte zur Zeit der Turbulenz, kein Jetstream kam als Ursache in Frage. Die Tropopause lag hoch über uns in 44000 Fuß, auch sie, turbulente Grenzschicht zwischen Tropo- und Stratosphäre, schied aus. Keine Wolke zeigte sich, weder auf dem Radar noch im Mondschein.

Endlich erkannten wir den Grund. Es war immer Nacht, wenn wir, mit mehr als

hundert Passagieren zwischen Accra und Johannesburg pendelnd, den Golf über-
querten, und nachts war das Wasser wärmer als die nackte kalte Wüste. Die Wärme,
die über Wasser schwebte, besaß so starke Thermik, daß sie sich in Luftpaketen von
den Wellen ablöste und in Blasen bis in die Stratosphäre emporquoll. Diese Luftbla-
sen voller Aufwärtsdrang waren es, die Unbehagen, klirrende Tassen, verschüttete
Whiskys bescherten.

Die Küste, das Hochland von Angola erreichend, sahen wir sie endlich, blaß im
Halbmondlicht patrouillieren wie Schiffe, die den Himmel verbarrikadieren. Am
Pingana, dort, wo man Rotbüffel unter Leitung von Bantus jagen kann, stand das
atmosphärische Ebenbild des Berges finster und drohend – es flößte uns weniger
Angst ein als die unsichtbaren Wirbel, die wie eine Minensperre über den Golf ge-
legt waren.

★

Der Forscher A. H. Woodcock vom Ozeanographischen Institut Woods Hole hat,
vor mehr als dreißig Jahren, die Existenz von Konvektionsströmungen in kühler
Luft nachgewiesen, die durch eine wärmere Wasserfläche erwärmt wird. Er wußte
längst, was wir auf Trinidad und in Ghana erfuhren: die nachts auf das Meer hin-
ausströmende Luft ist kälter als das Meerwasser.

Die Heringsmöwen, Praktiker der Aerodynamik, die er beobachtete, bestätigten
seine Beobachtungen. In kreisförmigen Bahnen segelnd machten sie Thermikströ-
mungen sichtbar, zeigten ihre Säulenform. Das gleiche bewiesen uns die See-
schwalben der Karibischen See und die Tropic Birds von Little Tobago. Sie alle se-
gelten *nicht* auf das offene Meer hinaus, wenn die Luft *wärmer* als das Meerwasser
war.

Später bliesen Woodcock und sein Kollege Wyman von Flugzeugen Rauchschwa-
den ab, die in tropischen Meeresgebieten zellenförmige Konvektionsströmungen
nachwiesen.

Im Continental Hotel von Accra, auf den Weiterflug wartend, beobachteten wir über dem Golf jene Thermiksäulen, die Woodcock anhand der Seevogel-Flugfiguren nachgewiesen hatte. Sie stiegen, gewaltiger als griechische Säulen, bis an die Tropopause empor – dunkle Schatten eines aerodynamischen Tempels, konstruiert nach den kosmischen Gesetzen adiabatischer Abkühlung. Ihr Aufwärtsdrang wurde begrenzt durch den dorisch-wuchtigen Kapitellabschluß von Cirro-Cumulus. Hier traten, als Protest gegen die Schwerkraft der Erde, jene Turbulenzen auf, die uns auf dem Weiterflug nach Südafrika zu schaffen machten, denn genau dort lag unsere wirtschaftlich günstige Reisehöhe.

★

Während in der Nacht die tropischen Meere wärmer sind als die abstrahlenden Wüsten, in denen mehr Menschen erfrieren als in der Arktis, verkehren sich am Tage die Rollen. Die aufgeheizten Wüsten strahlen dann Thermik bis in die Tropopause ab. In den Thermiksäulen steigt Staub empor, Wüstensand und, im kalifornischen Frühling, der Blütenpollenstaub der Kakteenblüten.

In der heißen, trockenen Negev-Wüste waren uns Staubtromben eine geläufige Erscheinung. In Spiralen aufwärts wirbelnd, sogen sie in Bodennähe neue Luft nach, die um so schneller rotierte, je mehr sie sich dem Zentrum näherte. Obwohl Staubtromben kaum höher als 1500 m steigen, ist die Tendenz ihrer Aufwärtsströmung weitaus höher spürbar. Während des Steigfluges über Kairo, der Libyschen und Syrischen Wüste, über Tucson und der Sonora-Wüste zwangen sie uns, die »Bitte-anschnallen«-Zeichen bis zur Reiseflughöhe anzulassen: der Cocktail-Service fiel aus.

Regen der kam wolkenher,
doch er weiß es schon nicht mehr.
Tropfen fallen hinter Tropfen,
die mir an mein Fenster klopfen.
Rinnen an der Mauer nieder,
Tropfen rinnen immer wieder.
Rinnen Blatt entlang und Blume,
dringen in die Ackerkrume.
Deucht zu Ende hier ihr Lauf,
doch sie steigen wurzelauf.
Was aus Wolken sich verlor,
steigt zum Lichte still empor,
trinkt in Blüte und in Blatt
sich in Sommersonne satt.

Tropfen kommen wolkenher,
doch sie kennen sich nicht mehr,
bis unsichtbarlich und leise
auf geheimnisvolle Weise
fortgetragen von dem Wind
Tropfen wieder Wolke sind.

HERMANN CLAUDIUS

Gewitter, Jetstreams und Tornados

Anfang der sechziger Jahre machte der französische Meteorologe Jean Dessens ein interessantes Experiment. Er kletterte auf ein Hochplateau der Pyrenäen und entzündete dort etwa hundert Ölbrenner.

Dessens' Absicht war, den Entstehungsmechanismus von Cumuluswolken zu studieren. Er wollte künstlich jene »Warmluftpakete« erzeugen, deren Aufstieg bis zum Kondensationsniveau zur Bildung der Quellwolken führt.

Noch Mitte der fünfziger Jahre, als die Super-Constellations den Langstreckenhimmel bevölkerten, waren die Meteorologen der Meinung, Gewitter (also auch Quellwolken) könne es eigentlich über 6000 Meter Höhe nicht geben. Weil sich die Piloten auf diese Theorie verließen, quälten sie ihre Maschinen, die gerade mit Hängen und Würgen knapp 6000 schafften, in der Hoffnung, die Gewitter übersteigen zu können, höher und höher.

Kapitän R., als Kommandant einer Super-Constellation auf dem Weg von Dakar nach Rio, war einer von jenen vielen, der so in eine kritische Situation geriet. Geschüttelt von heftigen Gewitterschauern kämpfte er sich mit äußerster Steigleistung Meter um Meter höher, jeden Augenblick sehnsüchtig auf blauen Himmel über sich hoffend. Aber die Böenschläge, die Blitze, der Hagel nahmen beständig zu. Auf Tragflächen und Propellern setzte sich dicker und dicker das Eis an. In 7300 Meter Höhe schließlich war die Maschine an der Grenze ihrer Leistungsfähigkeit.

Die Turbulenz war stärker als je zuvor; aus der undurchdringlichen schwarzen Wolkenschicht über ihnen prasselten Hagelsalven, zuckten Blitze.

Dann vereiste das rechte Außentriebwerk und blieb stehen, wenig später der linke Innenmotor. Kapitän R., ein kleiner, hilflos erscheinender Amerikaner, aber von der Bierruhe eines robusten Pferdekutschers, drückte die ohnehin fallende Maschine steil nach unten und ordnete Vorbereitungen zum Notwassern an. Die Stewardessen machten eilig Notfenster und Schlauchbootauslösungen betriebsklar und gaben ihre Anweisungen an die Passagiere.

Der dritte Motor begann auszusetzen. Durch knallende Böenschläge taumelte die Super-Constellation dem Südatlantik entgegen. In 2500 Meter endlich zeigten die Triebwerke wieder Leistung: Schnee und Eis platzten von den Flügelvorderkanten und Luftschraubennaben. Die 0-Grad-Grenze war überschritten, die warmen Luftschichten ließen das Eis schmelzen. In 2000 Meter Höhe zog R. unter dem Gewitter weiter.

Aus diesen und ähnlichen Erfahrungen klug geworden, gaben die Piloten ihre Übersteigungsversuche auf und unterflogen von nun an die Gewitter. Zwar war auch in unteren Höhen die Turbulenz vehement, aber die hohen Außentemperaturen verhinderten wenigstens den gefährlichen Eisansatz. Wenn die Besatzungen von ihren Flügen zurückkehrten und von Gewittern berichteten, die auch in 20000, in 23000 Fuß, also in fast 8000 Metern, noch nicht zu übersteigen waren, so sahen die Flugwetterfachleute sie an, als hätten sie einen über den Durst getrunken. Sie wiesen anhand ihrer Theorien klug nach, daß Gewitter gar nicht so hoch steigen können. Heute wird ähnlich klug bewiesen, weshalb Gewitter in den Tropen bis zu 15000 Metern (!) steigen können, ja, müssen.

Jean Dessens also erzeugte auf einem spanischen Hochplateau einen künstlichen Warmluftschlauch. Er wollte endlich wichtige Aufschlüsse über Quellwolkenbildung erlangen. Wie oft in der experimentellen Forschung stieß er auf etwas völlig Unerwartetes: Zwar bildete sich eine Wolke, aber aus ihr wuchs eine Art Elefantenrüssel herab. Dieser Rüssel entpuppte sich als Sturm von derartiger Stärke, daß drei seiner Brenner ausgeblasen wurden und die Flammen der übrigen sich um 45 Grad neigten. Dessens war die künstliche Erzeugung eines Tornados gelungen.

Auch über die Entstehungsursachen dieses Sturmes ist das letzte Wort noch nicht gesprochen. Fest steht, daß krasse Temperaturgegensätze dabei eine wesentliche Rolle spielen. Es ist das Verdienst amerikanischer Meteorologen, einen Zusammenhang entdeckt zu haben, der zunächst sensationell wirkte.

Immer dann, wenn Jetstreams in mittleren Höhen (um 5000 bis 6000 Meter) auftraten, bildeten sich parallel an ihren Randgebieten Gewitterfronten. Im Gefolge dieser Fronten wiederum traten Tornados auf. Das Mississippi-Becken ist eines der Geburtsstätten der Tornados. Neben den Hurrikanen stellen sie die stürmischsten Störenfriede des amerikanischen Kontinents dar. So wundert es nicht, daß eine Fülle amerikanischer Forscher sich mit ihren Ursachen auseinandersetzt.

E. M. Brooks, Wissenschaftler an der Universität St. Louis, stellte durch Luftdruckmessungen fest, daß Tornados oft in winzigen Tiefdruckgebieten von knapp zehn Kilometer Durchmesser entstehen, und zwar mit einer langsamen Rotationsbewegung gegen den Uhrzeigersinn. Die Windverteilung im Zusammenhang mit dem Jetstream führt dazu, daß die Luft in den unteren Schichten zusammenströmt, in den höheren Schichten auseinanderfließt. Es kommt zu einer aufsteigenden Vertikalbewegung, die gleichzeitig eine Zusammenziehung der Rotationsbewegung bewirkt – wodurch, ist noch nicht geklärt. Diese Aufwärtsströmung ist noch nicht der Tornado selber; dieser wächst fast immer aus den Gewitterwolken zur Erde hin. Ein anderer Forscher, F. Roßmann, hat die These aufgestellt, daß die Tornados aus einer Rotationsbewegung der Luft innerhalb der Gewitter entstehen und durch den Wirbelschlauch zur Erde hinabsinken. So wenig bis heute zuverlässig über ihre Entstehung bekannt ist, so unwiderlegbar und deutlich sind ihre Folgen für die geplagte Landbevölkerung.

Obwohl zumeist der Monat Mai von den amerikanischen Tornados bevorzugt wird, geschah in einem Februar, wenn auch schon 1884, eine der größten Tornadokatastrophen der amerikanischen Geschichte: In wenigen Stunden jagten mehr als fünfzig Tornados über das Land, töteten 1200 Menschen und richteten einen Sachschaden in Höhe von fünfunddreißig Millionen Dollar an. Die meisten Opfer, die ein einzelner Tornado forderte, verbucht der Sturm vom 18. März 1925: 689 Menschen starben. Neun Zehntel aller Tornados ziehen von Südwest nach Nordost. In Texas, wo vieles anders ist, ziehen sie, gelenkt durch den Jetstream, gern von Nordwest heran.

Eine typische Tornado-Wetterlage im Frühling: warme, feuchte Luft aus dem Golf von Mexiko stößt auf kalte antarktische Luft aus Kanada. Ein extremes Tief bildet sich im Mittleren Westen. Im sogenannten Trog, 180 bis 1000 Kilometer südöstlich des Tiefzentrums, werden die Tornados ausgebrütet. Der schon erwähnte Forscher E. M. Brooks berichtet von unvorstellbaren Aufwärtsstürmen innerhalb des sinkenden Schlauchs: eine sich bildende Cumuluswolke schoß mit einer Steiggeschwindigkeit von 12000 m/min aufwärts. Ein moderner Jet steigt durchschnittlich mit 600 m/min.

Den Menschen, die dem heranziehenden Tornado hilflos ausgesetzt sind, kündigt er sich durch verschiedene Merkmale an: die eigenartige, weltuntergangsdüstere Beleuchtung, das Röhren des rasenden Luftschlauchs, den Geruch nach Staub und Ozon, das Prasseln der hochgewirbelten Bruchstücke.

Die Randwirbel und der Sog im Innern richten die größte Verheerung an. Genaue Werte über Windgeschwindigkeiten existieren jedoch kaum. Im Zeitalter der Atombomben, Mondlandungen und Transistoren gibt es noch kein Instrument, das derartig schlagartige Druckanstiege und -abfälle registrieren könnte, ohne selber zerstört zu werden!

Fest steht, daß 600 km/h im Innern nichts Außergewöhnliches sind, und unter Umständen können Teile des Wirbelsturms annähernde Schallgeschwindigkeit erreichen. Die jäh wechselnden Druckverhältnisse können ganze Häuser explosionsartig bersten lassen. Der rettende Druckausgleich wird erschwert, weil wegen der begleitenden Regen- und Hagelschauer Fenster und Türen geschlossen sind.

Auf das Konto amerikanischer Tornados geht: Ein Haus mit acht Zimmern wird vom Fundament gerissen. Eine Flugzeughalle über einen Meter angehoben und wieder zurückversetzt; das Flugzeug darin bleibt unversehrt. Ein Kühlwagen wird achthundert Meter weit fortgetragen. Pakete mit Strickwaren finden sich fünfzig Kilometer nördlich der betroffenen Strickerei unversehrt wieder.

Bisweilen zeigt dieser Störenfried sogar Humor:

Eine Frau wird aus dem Fenster gesaugt und zwanzig Meter weiter unversehrt niedergeworfen. Neben ihr liegt eine zerbrochene Schallplatte mit dem bekannten Schlager »Stormy Weather« – Stürmisches Wetter.

Nicht ganz ohne unfreiwillige Komik sind die Erlebnisse dreier Rundfunksprecher, die aus einem Übertragungswagen über den Tornado berichten wollten. Sie jagten vor dem Tornado her, mußten dazu quer über einen Friedhof rasen. Der rettende Südausgang jedoch war mit einer Kette verschlossen. In letzter Sekunde, mit dem Tornado wie einem Zerberus über sich, stürzten die Männer aus dem Wagen in den Leichenkeller, ohne das Übertragungsgerät im Auto abzuschalten. So gelangten die Hörer in den Genuß eines einzigartigen akustischen Erlebnisses. Obwohl an dem Wagen für 1200 Dollar Schaden entstand, wurde der Sender nicht zerstört. Im Keller beobachteten die Schutzsuchenden, wie Gegenstände die Treppen hinaufglitten und entschwanden. Dann wurde es finster, eisig und kalt; alle erlitten, wahrscheinlich durch den raschen Druckwechsel, Erstickungsanfälle.

Am besten, so meint der wetterkundige Autor T. Morris Longstreth, läßt sich der Tornado noch mit dem Wasserablaufen in der Badewanne erklären: Rotation und Druckunterschiede sind auch dort vorhanden. Nur: Wer zieht den Stöpsel heraus?

Ruhe und Bewegung

Mühsam mit vollem Abfluggewicht aus New York über die schwanbenistete Jamaika-Bucht startend, über Nantucket, Capelot auf Höhe steigend, warteten wir über Nova Scotia auf den Jetstream, der uns mit Überschallgeschwindigkeit heimwärts schieben würde. Bald, das »Bitte-anschnallen«-Zeichen noch immer leuchtend, vorbereitet auf die Turbulenz, mit der er unter unsere zerbrechlichen Schwingen greifen würde, lernten wir aus der Schrift der Wolken seine Spur lesen.

Es leuchtet ein, daß ein Gebilde, das aus den krassesten Temperaturgegensätzen und Konflikten zwischen polarer Kaltluft und äquatorialer Hitze hervorgegangen ist, seinen Eindruck auf die Wolkenbildung nicht verfehlen kann. Tatsächlich zeigen sich überall, wo ein Jetstream sich nähert, die Wolken beunruhigt wie eine Herde Zebras, Impalas, Kongonis beim Nahen des Löwen. Sie formen sich zu langen Bändern oder lassen eine Gasse frei, durch die der Starkwindschlauch wie durch applaudierende Zuschauer jagt. Manchmal tritt das Umgekehrte ein: durch einen aquamarin-klaren Himmel zieht sich wie ein Glassprung eine einzige schmale Wolkenbank, fast einem Kondensstreifen gleich. Diese Alto- und Cirrocumulusbänder hat die Menschheit seit Jahrmillionen beobachten können. Ein seltsamer Gedanke, daß erst seit einem einzigen Jahrzehnt der Jetstream als Urheber bekannt ist.

Der gleichzeitige Eintritt in Jetstream und Jetstreambewölkung erzeugt Turbulenz von doppelter Härte. Wir begegneten ihr überall an den Hauptschauplätzen: An der amerikanischen Ostküste, über der Sahara, über den ewigen Feuern von Kirkuk, über Halifax, dem Sudan und über dem Zweistromland klirrten Teller aus ihren Regalen, schwappte Kaffee über, stießen sich die Stewardessen die Schenkel blau, beantragten Passagiere kostenlose Reinigung ihrer überschütteten Anzüge.

Die Erdölflammen bei Kirkuk, die seit Jahrhunderten brennen, standen mit ihrer ewigen Ruhe in krassem Gegensatz zu dem hektischen Orientflug, der uns auf einem extrem starken Jetstream einen Rekordflug zwischen Beirut und Teheran bescherte. Während wir auf einem Sturm von 400 km/h an Bagdad vorbeijagten, flammten die Feuer regungslos aus einer windstillen Wüstennacht empor. Irgendwo unten, am Kleinen Euphrat, gab es eine der letzten Waldtrappkolonien der Welt, vier Dutzend Schopfibisse wurden verzweifelt vor dem Aussterben bewahrt. Daß wenigstens das Reich der Wolken, der grazilsten, vergänglichsten Geschöpfe, nichts von seinem Reichtum eingebüßt hatte, war Trost während der drei Stunden, die uns zwischen dem Hilton in Athen und dem Hilton in Teheran aus der klimatisierten Zivilisation mit Background-Musik inmitten der Wolken blieben.

Als über dem wilden Kurdistan der östliche Himmel sich rot färbte (wir erinnerten uns der Störche, die jetzt auf den Minaretts der goldenen Moschee in Bagdad die Flügel schlagen würden – vor den Mauern lagerten die Pilger, Mokka auf winzigen Öllampen bereitend), sahen wir die langen Wolkenbahnen des Jetstreams. Die Welt kehrt sich um: unter uns glommen die Sternbilder von Hamadan und Kerminsha, über uns dehnten sich Straßen, Gassen, Flüsse.

DIE WOLKE

Verspätete Wolke aus Wettergedräue,
Du treibst noch allein durch lasurene Bläue,
Du wirfst noch allein eines Schattens Gespenst,
Allein zu betrüben den Tag, der uns glänzt.

Noch unlängst, da hieltst du umfangen den Himmel,
Umsponnen von drohender Blitze Gewimmel,
Da hast du in rätselndem Donner zuletzt
Die lechzende Erde mit Regen genetzt.

Genug denn, entschwinde! Die Zeit ist verstrichen,
Die Erde erfrischt und das Wetter gewichen,
Der Windhauch liebkost jetzt die Blätter am Baum
Und treibt dich vom blauen beruhigten Raum.

ALEXANDER PUSCHKIN

Mammatus

Hatten wir auf unseren ersten Flügen nur grob unterschieden in Stratiform und Cumuliform, die Vielfalt der Wolken reduziert auf »ausgeschichtet« und »quellig«, so eigneten wir uns bald einen Sinn für diffizile, subtile Unterschiede an. Dicht unter den Schichten des bewölkten Himmels fliegend, lernten wir, im Anflug über Ostia, im Steigflug längs der mauretanischen Küste, Mammatus kennen und fürchten. Mammatus erweckte die Illusion, auf dem Kopf zu fliegen – Wald, Wüste, Wellen über uns. Mammatus war ein Produkt umgekehrter Verhältnisse: hier trieb heiße, feuchte Luft auf trockener, eisiger Atmosphäre. Dort hinein, als hätten sie Heimweh nach der Erde, wuchsen die Wolken-Protuberanzen der Schwere.

Je länger wir flogen, um so öfter nahmen wir sie wahr – unser Blick war geschärft, unsere Bereitschaft, ins Steuer zu greifen, das »Anschnallen«-Zeichen aufleuchten zu lassen, nicht minder. Mit einem Zwanzig-Millionen-Dollar-Objekt dem Wohlwollen der Natur ausgeliefert zu sein, macht mißtrauisch, schärft die Sinne, stärkt die Abwehrbereitschaft.

Wir überquerten von Boston kommend Nova Scotia. Der Sommer war lang gewesen dort, die Buchten punktiert durch die Fülle bunter Boote, der erste herbstliche Polarwind schob sich eisig, ausgetrocknet unter die feuchte Meeresluft, schon waren sie da, düster abwärtsquellend.

Wir stiegen nicht hoch – die 150 Tonnen Abfluggewicht, der Gegenverkehr erlaubten es nicht; so präparierten wir uns auf die Böen, auf den Sog erdwärts.

Wir folgten einer Schneise, die sich blau von Yarmouth nach Halifax zog, ätherisches Abbild der Luftstraße Hl 546, versuchten den Randbezirken der Backbord-Steuerbord-Wolken zu entgehen wie Chausseebäumen. Doch der Indigo-Pfad erwies sich als Sackgasse. Plötzlich stand es vor uns, herabhängend wie pralle Säcke voll unangenehmer Überraschungen. Es gab kein Ausweichen, wir mußten hindurch, wir rissen den ersten Sack auf, schwarz quoll es heraus, Wirbel strudelten, in der Galley klirrten die Tassen.

Tiefer eintauchend, schwankend, steigend, stürzend, lernten wir unbekannte Welten kennen. Farben, von Feuchte geprägt, die nur hier existierten. Formen, von Winden zerfetzt, die in keinem Geometriebuch standen. Geschöpfe, die aus Alpträumen stammten: Gliedertiere, mehrköpfige Schlangen, Polypen aus Flaschengrün, gigantische Krabben, Fische aus Lichtreflexen, explodierend am Wolkenrand. Die Wucht, mit der diese Figuren einer kosmischen Mythologie unsere Flächen trafen, war beängstigend, doch die Furcht wurde gemildert durch Faszination. Bald glichen die Wolken gewaltigen, auf dem Rücken liegenden Scarabäen, die mit grotesk gestreckten Gliedern in einer bodenlosen Atmosphäre Halt zu gewinnen suchten, bald lavafarbenen Höhlen, aus denen feuerspeiende Drachen mit Schuppenschwänzen nach uns schlugen.

Die Genehmigung zum Aufstieg war Erlösung und Abschied. Während der letzte Böenschlag ein Glas zerschellen ließ, die Atmosphäre sich reinigte, das Dunkel zurückfiel, als sei es besiegt, glitten wir aus der Welt mystischer Mehrdeutigkeit in ein Reich kristallener Klarheit: der Mond ging auf.

Die schönsten Wolken meines Lebens

Die schönsten Wolken, die ich je gesehen habe, standen über der ungarischen Tiefebene. Es war Frühling: Im Jetstream zwischen Adria und Ukraine jagte die Luft mit minus 40 Grad vorbei. Aber hinter der eisstarrenden Cockpitscheibe standen die Cumuli wie erste Magnolienblüten.

Jede war ein Individuum, unverwechselbar, von prägnanter Erscheinung, klar konturiert gegen das makellose Blau der Ferne. Unaufhaltsam stiegen sie, als sei ihr Ziel ein bestimmter Himmelspunkt. Trotz ihrer Zielstrebigkeit zeigten sie Sinn und Muße für ausgeprägte Formen; und die dunklen Wölbungsschatten ließen ihr Weiß um so strahlender hervortreten. In diesen Wölbungen waren alle geometrischen Figuren vertreten: Rhomben, Zylinder, Hyperbeln, Ellipsen, Lemniskaten. Weit auseinandergezogen standen sie über den Südkarpaten, über Reschitza und Tirgu Muresch; Denkmäler, Lobpreisungen, Hymnen aus Feuchte, Wärme, Auftrieb. Selbst auf dem Millimeterpapier des nüchternen Tephigramms noch eine Überraschung für die Meteorologen.

Sie weckten den Wunsch, Flugbetriebsvorschriften und Leistungstabellen beiseite zu legen und Hermann Hesses *Morgenlandfahrt* oder Eichendorffs *Taugenichts* wieder einmal zu lesen. Oder wie Goethe ein Wolkentagebuch zu führen, das wie jenes 1820 aus der Verehrung für Howard entstandene, die ideale Verbindung von Sachlichkeit, Begeisterung, Ästhetik, Gefühl und Phantasie zeigt. So sollte der Forscher der Zukunft arbeiten.

Ihre Gipfel skandierten die Luftstraße wie Ausrufzeichen. Ihre Unausweichlichkeit war die einer Frau, die weiß, daß an ihrer Schönheit niemand vorbeikommt, ohne sich nicht Jahre später noch ihrer zu erinnern. Durch sie schien der glatte, makellose Äther die Stirn zu runzeln und zu sagen: Mit der Keuschheit des Morgens ist es vorbei; aber seht nur die Schönheit eines reifen Nachmittags!

Man hätte sie sammeln mögen wie bunte Steine, Falter, Herbstblätter. Nein, mehr: wie Portraits, wie Abbilder der Erde. Jede war einmalig, ein einziges Exemplar, das so nirgends und nie wieder würde geboren werden.

REGENBOGEN

Grau und trüb und immer trüber
Kommt ein Wetter angezogen; —
Blitz und Donner sind vorüber,
Euch erquickt ein Regenbogen.

Wilde Stürme, Kriegeswogen
Rasten über Hain und Dach;
Ewig doch und allgemach
Stellt sich her der bunte Bogen.

Frohe Zeichen zu gewahren,
Wird der Erdkreis nimmer müde;
Schon seit vielen tausend Jahren
Spricht der Himmelsbogen: Friede!

Aus des Regens düstrer Trübe
Glänzt das Bild, das immer neue;
Aus den Tränen zarter Liebe
Spiegelt sich der Engel: Treue.

JOHANN WOLFGANG VON GOETHE

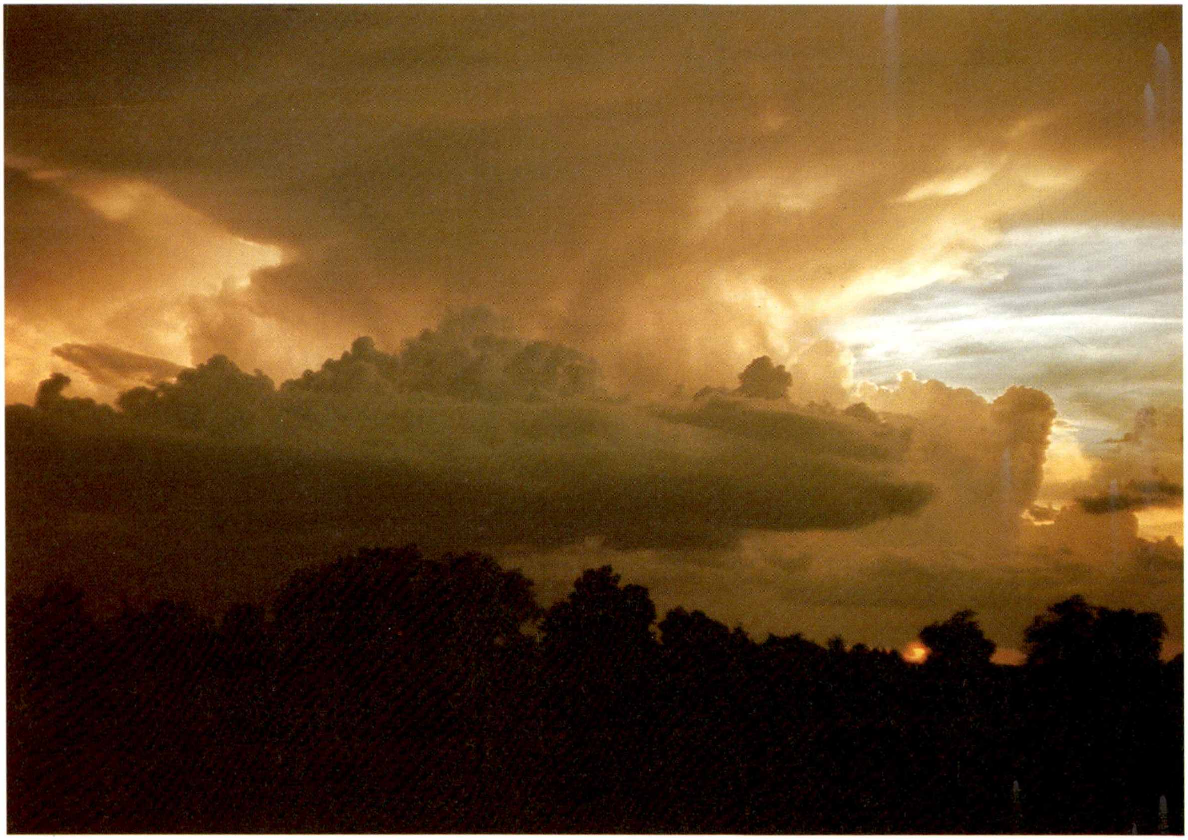

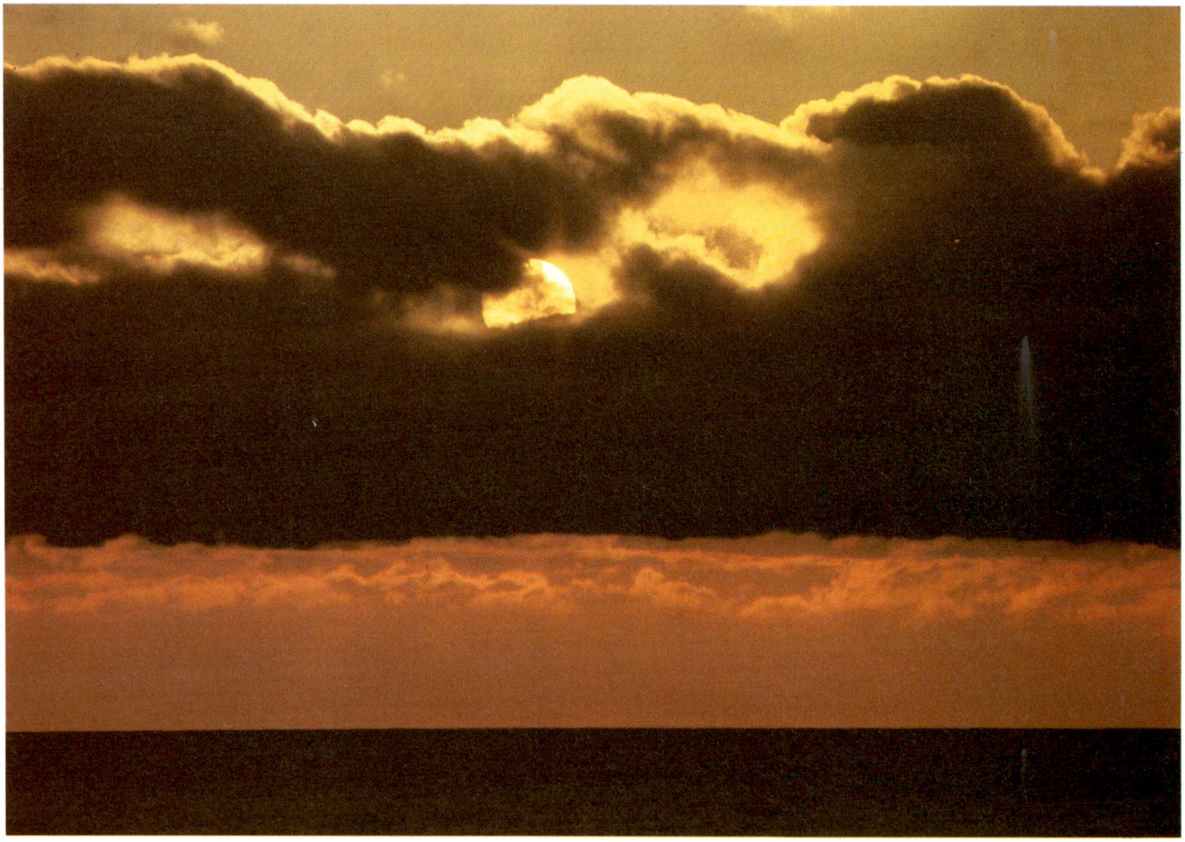

Nordlicht über Quebec

Spätnachmittag auf Mirabel-Airport. Der rostrote Himmel ist von Zirren geädert wie feines Blattwerk. Während die DC 10 zum großen Sprung über den Atlantik ansetzt, fliegt neben der Startbahn ein Schwarm Kanadagänse auf, schwankt planlos über die Schlange der'wartenden Flugzeuge und fällt zurück ins Gras. Wir heben sanft mit 272 Knoten ab und gehen über dem Rivière des Prairies auf Kurs; siebzehn Minuten später sind wir in der Stratosphäre.

Die Lichter von Trois Rivières zur Linken, den Sankt-Lorenz-Strom zur Rechten, sehen wir im Steigflug die Sonne noch einmal aufgehen, die auf Mirabel gerade in den zähen Brei des Winterdunstes gesunken war. Hier oben ist der Himmel noch hell; wir dümpeln sanft auf den Böen eines Jetstreams, der uns, von Alaska herunterjagend, freundlich bis weit auf den Atlantik hinausschieben wird.

Über dem Lichterschein Quebecs hebt sich der Mond aus der östlichen Nacht, eine schmale Sichel, die erst wie ein Kahn auf dem Wolkenmeer vor uns schwankt, dann emporgehoben wird. Gleichzeitig flackern durch die aufziehende Schäfchenwolkenschicht Kaltfrontgewitter auf. Sie toben sich über Montmagny aus – Blizzards mit Schnee und Hagel, die auch in unseren Wetterberichten vorausgesagt worden sind. Sie stören uns nicht, denn sie sind nur knapp halb so hoch wie wir.

Doch sie berühren uns in anderer Weise. Hinter uns versinkt die Sonne endgültig. Im Nordwesten blutet sich der Himmel zu tiefem, stumpfem Purpur aus; vor uns wölbt sich, wie ein abgedunkelter Regenbogen, der Erdschatten. Jetzt ist nichts als Konturlosigkeit um uns, ein verwirrendes Farbspiel von Sonnenuntergang, Mondaufgang, Gewitterleuchten.

Unser elektronisches Navigationssystem zeigt an, daß wir uns Rivière du Loup nähern, das südlich des Sankt-Lorenz-Stromes liegt. Plötzlich ist alles ausgelöscht: der Mond nichts als ein blasser Flecken in der Cockpitscheibe, die Gewitter erschöpft, der Himmel, selbst im Westen, nur Nacht.

Mont Joli heißt der nächste Kontrollpunkt, den wir anfliegen. Sein UKW-Navigationsfunkfeuer hat die Frequenz 115.9 und die Kennung YYY.

Und jetzt, bei einer Eigengeschwindigkeit von 925 km/h, einer Außentemperatur von minus 61 Grad Celsius, 10500 Meter über dem Sankt Lorenz, tritt ein neues Lichtphänomen auf, das alles, was vorher war, in den Schatten stellt: Nordlicht! Zunächst ist nichts da als ein fahler Reflex auf der Scheibe, ein Flackern, das eine Spiegelung sein könnte. Dann aber bricht das Licht die Nacht auf wie eine Austernschale, drängt die Finsternis an den Himmelsrand, huscht mit weißschimmernden Fingern über die Sterne und verwischt – als seien sie mit Kreide gemalt – Orion und Siebengestirn zu vagen Flecken Kalkgraus. Diese beginnen zu phosphoreszieren, ballen sich zu Wolken aus Licht und treiben wie auf gewaltigen Stürmen über den Horizont.

Von der erleuchteten Kabine aus ist die Erscheinung weitaus schwieriger zu beobachten. Man müßte die Beleuchtung dimmen und sein Gesicht an die Scheibe drücken. Aber nach einem Start in Toronto oder Montreal ist die Zeit des kanadischen Nordlichts auch die Zeit für das Abendessen und anschließend wird eine Stewardeß die Vorhänge vor die Scheiben ziehen: der Film beginnt – auch über Quebec, auch mit dem Nordlicht vor der Haustür.

Kurs 268 Grad auf der Luftstraße HL 553 nach Port Menier. Infolge der Mißweisung in diesen Breiten fliegt man weitaus nördlicher, als der Magnetische Kurs andeutet; von Minute zu Minute wird das Nordlicht intensiver.

Jetzt schießen weißglühende Pfeile empor, verschmelzen im Zenit wie in einem riesigen Tiegel, ergießen sich wie flüssiges Blei über den Nordteil des Himmels, verdampfen im All und werden von der Finsternis verschluckt. Aus dem Schwarz treten wie auf einer schlecht gewischten Tafel wieder die Andeutungen der Sterne hervor.

Das Nordlicht ist nicht nur ein Lichtphänomen, sondern schafft auch totale Finsternisse. Da geistern Flecken aus Dunkelheit über den Himmel, verwischen den natürlichen, täuschen einen künstlichen Horizont vor, der viel höher als der ursprüngliche liegt. Wer diesem Spiel verfällt, glaubt unter dem vorgetäuschten Horizont die Lichter imaginärer kanadischer Städte zu sehen. Aber in Wahrheit sind es Sternbilder, die weit über dem echten Horizont stehen: Stier und Kleiner Hund. Auch ein Planet ist darunter, der wie eine Leuchtbake auf dem Sankt-Lorenz-Strom funkelt: Mars. Das lichtlose Band des kanadischen Stromes liegt weitaus tiefer, fast senkrecht, unter uns. Das Nordlicht täuscht mit seinen lichtlosen Aussparungen einen neuen Fluß vor, der sich in Sekundenschnelle verwandelt, denn das Nordlicht betreibt auch Zeitraffung. Die Milliarden von Kilometern, die in Sekunden überstrahlt werden, sind zwar mit dem Computer zu errechnen, aber nicht mehr vorzustellen.

Das Radarbild zeigt an: Wir überqueren den Buckel bei Matane, der uns endgültig das Festland der Provinz Quebec verlassen läßt. Jetzt nimmt uns der Strom auf; voraus prägt sich leuchtend die Robbeninsel Anticosta, L'Ile Anticosti, ab – umflossen von der Passage de Jaques-Cartier und Détroit de Gaspé.
Jetzt ist das Nordlicht auch südlich von uns zu sehen, manchmal sind wir in Wolken aus Perlmutt und Opal gehüllt. Wir halten es mit Goethe, der den Rat erteilte, man solle sich an den Phänomenen freuen und nicht immerzu versuchen, mit unzulänglichen Mitteln und Schlagworten unerklärliche Phänomene erklären zu wollen.
Inmitten des Wechselspiels der sich verwandelnden Formen gewinnen zwei Lichtbögen Gestalt, die ganz Kanada zu überspannen scheinen. Der untere ist der breitere, fundamentalere, der obere löst sich gelegentlich auf. Senkrechte, scharf konturierte Suchlichtstrahlen, die über den Himmel geistern, reißen große Fetzen Lichts aus ihm heraus, das im All zerstäubt, während der Bogen von innen heraus nachzuwachsen scheint.
Überflug der Hafenstadt Port Menier auf der Robbeninsel. Jetzt kommt Farbe ins Spiel. Ein leichtes Orangerot, ein marmoriertes Grün, mit dunklen Einschüssen.

Der Rückenwind nimmt an Stärke zu – mit 280 km/h fegt der Jetstream über den Sankt-Lorenz-Golf. Inmitten des gleichmäßig fließenden Höhensturms liegt das Flugzeug wie ein Brett in der Stratosphäre. Auf der Erde würde ein solcher Orkan die Verheerungen des Jahrhunderts anrichten.

Am Himmel züngelt eine purpurne Flamme empor und beginnt, einer Ballettänzerin gleich, über die grünlich glühenden Lichtkämme und -schründe zu tanzen, den schmächtigen Flammenleib biegend und wirbelnd.

Auf dem Radarschirm leuchten die Konturen von Labrador und dem westlichen Neufundland auf. Eine Kugel aus fahlgelbem Licht gleitet über die Panorama-Scheiben des Cockpits und zeichnet eine schmale Spur, die plötzlich in allen Regenbogenfarben aufglüht und zerplatzt. Wie auf ein geheimes Zeichen verwandelt sich alles Farbige zurück in Weiß, schlagartig erlöscht das Licht. Wir verlassen Quebec, wir verlassen den nordamerikanischen Kontinent.

Aber noch bis weit auf den Atlantik hinaus begleiten uns die beiden Lichtbögen, die uns auch auf 35 Grad West noch mit Kanada verbunden sein lassen.

Die Himmelsschrift

Die Namen der Zirrusarten zeigen Poesie: Da gibt es das Filigran von Cirrus *fibratus*, die Kommata von Cirrus *uncinus*, die Eiswolkenbänke von Cirrus *spissatus*. Als Ambosse der Gewitterwolke Cumulonimbus verbergen sie Sonne und Mond hinter sich und verfügen trotz ihrer Zartheit über gigantische Turbulenzkräfte. Verjüngen sich die Cirrusbänder perspektivisch, so ist es Cirrus *radiatus*. Kreuzen sie sich, so ist es Cirrus *vertebratus*, der für Abwechslung über Wüsten und Ozeanen sorgt.

Die Regenwolke Nimbus ist von tiefgrauer Melancholie erfüllt. Verbindet sie sich mit den Cumuli, so wird daraus die genügend erwähnte Cumulonimbus. Die sanfteste aus diesem gefürchteten Kreis heißt *humilis*; in ihr sind alle Vertikalstürme zur Brise abgeschwächt. Flach hingestreckt wie ein lagernder schottischer Schäfer bringt sie nie Regen und ist als einzige dieser Gattung eine Botin wirklichen Schönwetters.

Von allen Hauptarten ist Cumulus die individuellste, eigensinnigste, die durch die Phantastik ihrer Formen imponiert. Es gibt sie geflockt, gekörnt, getürmt – Granulat der feuchten Atmosphäre. Schachbrettförmig oder in Wolkenstraßen trüben und dramatisieren sie den Himmel. Da gibt es die Unterarten *translucidus, undulatus, lacunosus, duplicatus, castellanus, mammatus, floccus, opacus*. Großflächig angelegt, glänzen sie oft in matten Erz- und Bronzetönen. In der Glut der Abendsonne leuchten sie im flammenden Himmel Arizonas beispielsweise wie Schlacke im Schmelztiegel.

In der Gruppe der Cumuli sind auch die Lentikularen zu Hause – mandelförmige Gebilde, die gegen Abend wie stilisierte Schiffe purpurne Meere durchkreuzen. In karger, schleiergetrübter Wintersonne schimmern sie über den Kämmen der Anden, Alpen, Appalachen wie Muschelschalen, perlmutterne Fossilien, von Nachtkälte zerfressen.

Die Lakunosen stehen ihnen an Schönheit nicht nach. Ätherische Gebilde an sich, wird ihr weißer Flaum noch netzartig aufgelockert. Wie Reusen, in denen sich die

Beute des Himmels fangen soll, hängen sie, gerundet vom Windstrom des Luft-
meers, in Tiefen aus Indigo. Nachts fangen sich Sterne in ihnen wie schuppenblit-
zende Fische. Gelegentlich verändert sich ihr Muster zu Bienenwaben. Wie Honig
fließt das goldene Licht der Frühe aus schimmernden Körben: hier könnten Syl-
phen wohnen.

Gleiten diese Wolkenarten durch Absinkvorgänge in tiefere Schichten, so zerfled-
dern sie in der ungesättigten Luft zu Schleiern, was ihnen das Attribut *virga* einge-
tragen hat. Jungfräulich fürwahr ist dieses ganze ätherische Reich, ist die Flora des
achten Weltmeeres, das den Reisenden auf seinen Flügen umgibt.

Sonnenuntergänge

Ein günstiger Ort, die großartigsten Sonnenuntergänge zu beobachten, ist die Stratosphäre über dem Indischen Ozean, südlich der Kleinen Sunda-Inseln.

Wir kamen über Alice Springs, die Große Sandwüste und Port Derby von Sydney herauf. Querab von Sumba hatten wir eine tropische Gewitterfront durchstoßen, die sich uns entgegenstellte, als wollte sie uns den Zugang zu einem verbotenen Reich verwehren. Wir durchquerten riesige Säulen und verästelte Bäume aus kondensierter Luft, flogen durch Wolkengassen wie durch altägyptische Widderalleen. Turbulenzen durchschüttelten uns, als griffe die Faust eines Tempelwächters nach uns.

Dann hatten wir es geschafft. Von einem flammenden Abendhimmel tropfte aus fernen Wolkenbänken purpurnes Licht auf die reglose See. Als roste sie, färbte sie sich unter den Wolkenschatten rötlich-braun. Im Zenit war der Himmel tintenblau. Wo die Wolken über dem Horizont das Abendlicht zurückhielten, entstanden dunklere Streifen, die durch die Quellbewegung zu wabern begannen wie Nordlicht. Hinter dem Ozean ragten die Vulkane Südjavas auf – schwarze Pyramiden, hineingewachsen in eine Weite, die sich an ihrer Freiheit zu verzehren schien.

Je mehr sich die Sonne dem Horizont näherte, um so intensiver wurden die Verwandlungen des Himmels. Schemen aus Taubengrau und opalisierendem Türkis huschten durch die Luft, die sich in ihrem Farbenreichtum zu verdichten schien. Durch die Gegensätze von fliehendem Blau und heranflackerndem Weinrot ergaben sich perspektivische Verzerrungen, die den Himmel bald als Schale, bald als breitflächige Bahn erscheinen ließen, deren Parallelen sich im Unendlichen trafen. Zwischen den Vulkankegeln zerfloß die Sonne zu rauchglasfarbener Helligkeit, während Azurblau und Karminrot an Ausdruckskraft gewannen.

Schräg hinter uns wölbte sich der Erdschatten mit düsteren Regenbogenfarben in den Nachthimmel, der vom Wetterleuchten der durchflogenen Gewitterfront erhellt wurde. Im wilden Tanz der Blitze gab es keinen Atemzug des Zögerns oder Pausierens; die kosmische Energie schöpfte aus unversiegbaren Quellen.

Vor uns, im Westen, war inzwischen die Vielfalt der Formen und Farben auf wenige Hauptmerkmale zusammengeschrumpft: Kadmiumgelb, Limonengrün, Ultramarin. Schattenwellen, auf denen die Finsternis herabgetrieben kam. Blickte man dort durch die Scheiben, wo sich die erleuchteten Fluginstrumente spiegelten, so sah man auf der reglosen Wasserfläche Zeiger, Zahlen und Drucktasten treiben wie Relikte einer surrealistischen technischen Katastrophe.

Über Bali hatte uns die östliche Nacht eingeholt und sich grün-schwarz über uns gestülpt. Ein purpurner Streifen am Horizont, in den sich der rauchende Kegel des Gunung Raung schob, bot wie durch einen Schlitz Ausblick in die eben noch gegenwärtige Farben- und Formenwelt.

BILDNACHWEIS

Bavaria Verlag, Gauting bei München: S. 34 oben (Klaus Frerichs). Annemarie Braunburg, Mainaschaff: S. 18/19, 38 oben, 93, 94/95, 96 oben. Rudolf Braunburg, Mainaschaff: S. 17, 39 unten, 128/129. Elke Gerhart, München: S. 38 unten, 61, 64. Bildagentur Mauritius, Mittenwald: S. 20 (Steve Vidler), 35 unten (Eberle), 56 unten (Albinger), 101 (Messerschmidt), 103 (H. Schwarz), 110/111 (H. Schwarz), 112 (Photri), 113 (Dr. Reisel), 132 (Nägele), 138/139 (Photri). Kurt Schubert, Samerberg. S. 22/23, 24, 33, 34 unten, 35 oben, 36/37, 39 oben, 69, 70/71, 72, 73, 74/75, 76, 96 unten, 109, 114/115, 116, 125, 126/127, 140 unten. Richard Simonis, Offenbach: S. 21, 40, 53, 54/55, 56 oben, 62, 63, 102, 104, 137, 140 oben. Zefa, Düsseldorf (R. Armstrong): S. 130/131.